기죽지 않고

흥분하지 않고

끝까지 할 말 다 하는 법

HOW TO TALK TO ANYONE by Jennifer Alison
Copyright ©Jennifer Alison Publishing
All rights reserved.
This Korean edition was published by Bichgwahyanggi in 2018 by arrangement
with Graham Smith through KCC(Korea Copyright Center Inc.), Seoul.

이 책은 (주)한국저작권센터(KCC)를 통한 저작권자와의 독점계약으로
빛과향기에서 출간되었습니다.
저작권법에 의해 한국 내에서 보호를 받는 저작물이므로 무단전재와 복제를 금합니다.

기죽지 않고 흥분하지 않고 끝까지 할 말 다 하는 법

1쇄 발행   2020년 4월 30일
2쇄 발행   2020년 6월 20일

지은이   제니퍼 앨리슨
옮긴이   윤동준
펴낸곳   다른상상
등록번호   제399-2018-000014호
전화   031)840-5964
팩스   031)842-5964
전자우편   darunsangsang@naver.com

ISBN 979-11-90312-13-4 03320

잘못된 책은 바꿔 드립니다.
책값은 뒤표지에 있습니다.

이 도서의 국립중앙도서관 출판예정도서목록(CIP)은 서지정보유통지원시스템 홈페이지
(http://seoji.nl.go.kr)와 국가자료종합목록 구축시스템(http://kolis-net.nl.go.kr)에서 이용
하실 수 있습니다. (CIP제어번호 : CIP2020014161)

독자 여러분의 책에 관한 아이디어나 원고 투고를 설레는 마음으로 기다리고 있습니다.
이메일로 간단한 개요와 취지, 연락처를 보내주세요. 독자님과 함께 하겠습니다.

기죽지 않고
흥분하지 않고
끝까지 할 말 다 하는 법

제니퍼 앨리슨 지음 | 윤동준 옮김

당신이 대화를 힘들어하는 이유

말로 의사소통하는 것은 쉽지 않다. 홀로 살아갈 수 없는 만큼 말로 하는 의사소통은 일상에서 빼놓을 수 없는 중요한 부분이지만 여기엔 단순하게 생각할 수 없는 까다로운 측면이 있다. 모든 사람에게는 자기만의 어려움이 있다. 미국에는 대략 1천5백만 명이 불안으로 고통 받으며, 6백만 명 이상이 공황을 겪고 있다. 만약 불안 장애나 낮은 자존감으로 고통 받고 있다면, 사람들과 대화를 나누는 것이 몹시 괴로울 가능성이 높다. 그렇다고 불안 장애를 겪는 사람들만 타인과 나누는 대화가 불편하고 힘든 것은 아니다!

 감정 상태와 상관없이 수많은 사람이 대화에 어려움을 느낀다. 그들은 불안 때문에 모임의 종류를 불문하고 사람 만나기를 꺼려하거나 모임에 참석하더라도 굳게 입을 다문다. 또 강한 주장에 대응하거나 논쟁하는 자리라면 더욱 당혹스러움을 느낀다. 친구 결혼식에 축하의 말을 부탁받거나 소개팅 자리에 나갔을 때, 업무상 문제를 직장 상사에게 보고해야 할 때, 대화가 어느 순간 당신에게 우호적으로 흘러가지 않을 때, 초초함에 어쩔 줄 모르다가 나중에 후회하거나 걱정거리가 될 말을 내뱉고 만다. 실제로는 지구상에 존재하는 모든 사람이 대화에 어느 정도 어려움을 느낀다고 봐도 과언이 아니다. 많은 사람이 편안하고 자신감 있게 대화하는 법을 열심히 배워야 하는 이유가 여기에 있다.

대화가 불편한 원인은 정말로 다양하다. 최근의 사회적 불안의 증가와 더불어 대화를 어렵게 하는 가장 유력한 원인은 기술 변화에 있다. 기술 변화는 우리의 의사소통 수단을 완전히 바꿔놓았다.

이메일과 문자메시지가 쓰이기 이전에는 전화기를 이용해

지금보다 훨씬 더 많은 이야기를 나눴다. 친구나 가족과 커피 잔을 앞에 두고 이런저런 세상사를 이야기하거나 다른 사람들과 일상적으로 만나 이야기하는 데 지금보다 더 많은 시간을 썼다. 그러나 시간이 흐를수록 우리는 점점 더 컴퓨터 화면 뒤로 숨는 데 익숙해졌고 누군가와 얼굴을 맞대고 앉아 있는 자리는 자신이 마치 외계인처럼 느껴질 만큼 어색해졌다. 문자, 이메일, SNS 같은 디지털 속 대화가 실제 얼굴을 마주하는 대화와 다른 점은 물리적 거리를 유지할 수 있고 응답하기 전에 생각할 수 있는 기회까지 있다는 것이다.

이메일을 보내기 전에 25개의 초안을 써볼 수도 있고 문자에 답하기 전에 충분한 시간을 두고 생각할 수도 있다. 불행히도 전화상이나 얼굴을 맞대고 대화할 때는 그럴 수가 없다. 생각을 빨리 해야 한다. 어느 정도까지는 미리 준비할 수 있겠지만 정확히 대화가 어느 방향으로 흘러갈지는 누구도 예측할수 없다. 또한 직접 사람과 대화하면 상대방의 얼굴 표정이나 몸짓의 미묘한 변화도 알아챌 수 있다. 이때 전달하려는 메시지와 표정이 일치하지 않으면 상대방은 이를 잘못 해석하거나 오해한다. 그로 인해 건네는 말에 동의하지 않거나 심지어 반박하면서 불편하고 불안해진다.

대부분의 사람들은 말로 대화를 이어가면서 몸으로는 어떤 표현을 하는지 인식하지 못한다. 보디랭귀지, 즉 몸짓 언어만으로도 부지불식간에 오해를 불러일으킬 때가 많다. 무언가 바보 같은 말을 해서 망신을 당하지 않을까 하는 잠재된 두려움은 더욱 좋지 않다. 늘 자신의 마음을 제대로 정확하게 전달하지 못한다는 일반적인 불안이 있을 수도 있다. 대화에 도움이 되지 않는 생각으로 머릿속이 가득 차 앞사람의 얘기에 집중하지 못할 때도 있다.

바보 같은 말을 하면 어떡하지?

내가 불편해한다는 걸 다른 사람이 눈치채면 어떡하지?

나를 비웃고 잘했니 못했니 하면서 뒷얘기를 하면 어떡하지?

내가 말한 뒤에 대화가 끊겨서 어색해지면 어떡하지?

이 책은 다른 사람과 대화하는 데 어려움을 느끼는 이유에 대해 먼저 살펴볼 것이다. 대화할 때 느끼는 특정 감정이 무엇 때문에 생겼는지 생각할 기회를 준다. 성격이나 살면서 겪은 과거 경험, 그리고 다른 장애 요소들이 있는지 들여다볼 것이다. 자기 자신을 잘 살펴보면 대화할 때 느끼는 두려움, 본능, 잠재의식 속에 숨어 있는 불안을 이해하는 데 도움이 된다.

심리적 장벽을 살펴본 후 대화라는 행위의 진면목이 무엇인지 안내하겠다. 이를 통해 더 자신감 있고 능숙하게 대화를 즐기는 사람이 될 수 있다. 사람들이 대화를 통해 바라는 것이 무엇인지에 초점을 맞춘다. 이를 통해 타인에 대한 이해를 높여서 어떻게 정중하고 생산적이며 즐거운 대화를 할 수 있는지에 대한 방법을 알려준다. 각자 개인적 고충이 무엇인지 찾아내고 이를 해결하는 데 대화가 어떤 역할을 하는지에 대해서도 생각해볼 수 있다. 흔히 부정적 생각과 습관이 대화를 어렵게 한다. 이에 대해 살펴보고 어려운 상황에 대처할 수 있는 몇 가지 방법들을 소개한다. 다른 사람과 대화를 스트레스 없이 쉽고 편안하게 할 수 있는 실용적 기술이 가득해 편안한 대화를 위한 만반의 준비를 할 수 있을 것이다.

마지막으로 대화의 기술이 반드시 필요한 특정 상황에 대해서도 따져본다. 친구나 가족들과의 일상적 상황, 직장에서의 인간관계에 따른 불안, 데이트나 친목 모임, 면접, 갈등 상황, 사람들 앞에서 말하기, 그리고 그 밖의 많은 경우에 대해 다룬다.

누구에게든지 편안하게 말을 건넬 수 있다면 인생이 훨씬 풍요로워진다. 이제 더 이상 두려움에 발목 잡히지 말자. 그러기엔 인생이 너무 짧다. 이 책을 통해 대화와 관련된 어떤 두려움도 모두 극복할 수 있으리라 믿는다.

이제 시작하자.

차례

3장 좀 더 편안한 대화를 위한 간단한 팁

1장

대화를 가로막는
심리 장벽이 있다

대화란 무엇일까? 왜 누군가는 대화가 부담스럽고 어렵게만 느껴질까? 어떻게 이를 극복할 수 있을까? 사람들과 대화하는 방식에 커다란 영향을 미치는 성격적 특징과 경험을 들여다보자. 대개 낮은 자존감, 힘들었던 과거의 경험, 부족한 사회 경험이 문제일 때가 많다.

사용하지 않으면
사라지는 대화 기술

모든 사람이 이런저런 이유로 대화나 소통을 어려워한다. 자신감이 부족하거나 불안 장애가 있는 사람들만이 겪는 어려움이 아니다. 외향적이고 적극적인 사람도 대화 자리에서 걱정하고 불안해한다. 사실 침착하고 편안하며 집중력이 있다고 평가받는 사람도 때에 따라 사람들과 대화할 때 어려움을 느낀다. 이는 우리 대부분이 삶을 살아가며 맞닥뜨리는 하나의 장애물이다. 언제든 대화가 잘 안 되고 힘들어질 때면 항상 이 사실을 기억하자. 나만이 겪는 문제가 아니라는 사실을 말이다. 내 인생을 위해서도 스스로에게 가혹하기보다는 친절하게 보듬어주는 것이 바람직하다.

오늘날 우리가 마주하고 있는 가장 큰 문제는 대부분 의사소통이 글의 형태로 이뤄진다는 점이다. 이메일, 소셜 미디어 그리고 문자메시지가 얼굴을 맞대고 나누는 대화나 전화 통화를 대체하고 있다. 그러나 신기술 개발로 우리 삶이 얼마나 바뀌었고 또 빠르게 바뀔지는 모르겠지만 우리는 여전히 앞으로도 다른 사람과 대화하며 살아가야 한다. 비록 디지털상의 소통 방법이 의사소통을 더 쉽게 도와줄지는 몰라도 그것이 대화와 관련된 불안을 키우고 있다는 사실은 분명하다.

SNS로만 대화하며 살 수는 없다

요즘 우리 대부분은 컴퓨터, 태블릿, 스마트폰을 이용해 간단하고 인간미가 배제된 '대화'에 익숙해지고 있다. 분명 이런 도구들은 빠른 답신을 원할 때나 간단한 내용을 주고받을 때 놀라운 기능을 발휘한다. 하지만 많은 사람이 여기에 의존하는 비중이 커지면서 실제 대화하는 시간은 줄어들었다. 어떤 면에서 우리는 점점 냉담해지고 있다. 만약 전자 기기의 발전으로 대화가 단 몇 줄의 짧은 글로 줄어들지 않았다면 그렇지는 않았을 것이다. 문자나 메시지를 온라인으로 작성하는 것이 보다 쉬운 의사소통 방법이라는 사실은 부인할 수 없다. 스트레스가 적고 시간이 절약되며 신경도 덜 쓰인다. 그러나 이말에 전적으로 동의하고, 사람과 만나는 데 어려움을 느낀다면 변화가 필요한 때다. 사람을 만나 대화를 시작해 실제 삶으로 돌아와야 한다.

의사소통 방식에서 변화는 가히 놀라운 속도로 빠르게 일어났고 우리 삶의 일부분이 되었다. 어쩌면 새로운 의사소통에서 어떤 부분이 그렇게 나쁜 영향을 미치는지 의아해할 수도 있다. 사람과 만나 대화를 통해 문제를 조정하기보다 문자나 이메일을 통하는 것이 훨씬 쉽다고 생각할지도 모른다. 바로 그 점이 내가 말하고 싶은 핵심이다. 대화 상대와 얼굴을 맞대지 않아도 된다는 사실을 알면 어떤 안도감과 위안이 느껴진다. 많은 압박감을 덜어주고 특히 약간의 사회성 장애를 갖고 있다면 특히 더 그렇다. 그러나 이런 방식의 의사소통은 자신과 나머지 세계 전부와의 사이에 장벽을 만든다. 스마트폰은 다른 사람들에게서 자기 자신을 지우고, 컴퓨터라는 장벽을 만들어 편안함과 안전감을 느끼게 한다.

온라인에서는 일부러 자신을 숨길 필요가 없어 편안함을 느낀다. 약점을 감출 수 있고 심지어 익명으로 대화에 참여하는 자유를 진정으로 만끽할 수 있다. 이런 감정들은 본질적으로 자연스럽고 아무런 이상이 없다. 다만 다른 사람과의 의사소통 대부분을 전자 기기에 의존할 때 부작용이 발생한다. 표현하고 싶은 의도에 맞는 말투를 쓰지 못할 뿐만 아니라(자신의 표현이 오해받거나 더 나쁜 상황이 벌어지게 하는) 다른 사람과의 장벽이 더 높아질수록 얼굴을 마주하고 대화하기가 점점 어려워진다.

예를 들어 직장에 병가를 내야 하는 상황을 생각해보자. 상사에게 왜 출근을 못하는지 설명해야만 한다. 정말 몸이 아프더라도 전화하는 것이 불안하거나 걱정이 된다. 상사가 믿지 않으면 어쩌지 하는 생각에, 또는 이미 결근을 몇 번 한 적이 있어서 사무실 분위기가 좋지 않아 걱정이 될 수도 있다. 전화를 하고 이후에 상사 얼굴을 맞대면해야 한다는 사실이 불안감을 주기도 한다. 너무 스트레스를 받은 나머지 결국 전화를 하지 못할 수도 있다. 그러면 상황은 더 악화된다. 상사에게 직접 말을 해야 할 필요 없이 이메일이나 문자를 보낼 수 있다면 상황이 얼마나 더 편해질까? 하지만 문자나 이메일을 쓰는 것은 편하기만 할까? 아마도 그렇지 않을 것이다.

직접 이야기하는 것과 똑같은 수준의 불안감이 느껴질까? 마찬가지로 그렇지는 않을 것이다. 이 사례는 무척 분명하고 논리적으로 다음과 같은 사실을 보여준다. 사람들 대부분은 컴퓨터 뒤에 숨어서 뭔가 어려운 일을 처리하는 방법을 선택한다는 것이다. 전쟁 중에 방패를 사용하는 것과 비슷하다. 더 자신 있고, 덜 두려워하고, 강하다는 느낌을 가질 수 있다. 오해받거나 공격당할 확률이 줄어든다고 생각한다. 하지만 사실은 사람들과의 대화가 줄어들수록, 방패 뒤에서 하는 소통에 더 의지할수록, 정말 대화가 필요한 시점이 왔을 때 소통 능력이 사라진다. 진화 과정에서 사용하지 않으면 기능이 퇴화하듯 대화는 '사용하지 않으면 사라지는' 기술이다. 사람들과의 대화는 연습이 필요하다. 피할수록 더 어려워진다.

온라인에 의존할수록 잃어가는 대화 능력

요즘 시대에는 사람들이 단지 어려운 상황에서만 '뒤로 숨는' 것이 아니다. 실상은 정말 광범위하게 타인과의 의사소통을 컴퓨터라는 장벽 뒤에서 하고 있다. 심지어 생일 축하 메시지를 보내는 쉬운 소통도 이제 다른 수단보다는 온라인에 의지한다. 대부분 사람이 수단을 가리지 않고 쉽고 빠르며 가장 보호받는 방식을 찾는다. 문자나 온라인 메시지 뒤에 숨는 방식의 의사소통은 대화의 상대방을 어느 정도까지는 어둠 속에 있게 한다. 상대방은 이야기하는 사람의 몸짓이나 얼굴 표정을 볼 수 없다. 좀 더 계산된 방식으로 상대방에게 보여줄 수 있다. 싫어하는 자신의 모습은 숨기고 편안한 부분만 보여줄 수 있다. '말하기' 전에 생각할 수도 있다. 실수로 본심을 터뜨리는 일 없이 사람들이 듣고 싶은 말만 해줄 수 있다. 마치 대화 상대방은 적수敵手에 가까워 자신이 진땀 흘리는 것을 보여주지 않으려는 것과 같다.

글을 통해 '말하는' 것이 전적으로 부정적이거나 위험한 것은 아니다. 그보다는 이런 기술과 기기를 사용하면서 얼굴을 맞대고 대화할 수 있는 기회가 줄어든다는 것이 문제다. 그렇게 시간이 흘러가면서 사람들과 대화 나누기가 더욱 어려워진다. 온라인에서 '사회성'이 커지면 커질수록 실제 세상에서의 사회성은 더 작아진다. 대화는 모든 사람에게 연습이 필요한 기술이다. 단련이 필요하다. 다른 사람들과 대화를 많이 하면 할수록 더 쉬워지고 자신감이 높아지며 성공적인 의사소통을 할 수 있다.

날마다 헬스 자전거 교실에 참가하는 사람이 있다고 하자. 아침마다 1시간씩 실내 자전거를 타고 상쾌한 기분을 느낀다. 하지만 실제 거리로 나가 자전거를 타본 적은 없다고 치자. 야외에 나가 스쳐 지나가는 광경을 보며 얼굴에 바람을 느끼면서 자전거를 타본 경험이 한 번도 없다. 이제 이 사람이 반복된 실내 훈련으로 단련된 근육만 믿고 자신감 있게 실제 길거리로 나서기로 결심했을 때 과연 무슨 일이 벌어질까? 실제 거리에서 자전거를 탈 경우 흔들리면서 균형을 잡지 못할 것이다. 자전거를 전혀 타지 못할 수도 있다. 두 가지 선택이 남는다. 진짜 자전거 타는 법을 배우거나 아니면 진짜 자전거가 존재한다는 사실 자체를 잊거나.

대화를 연습한다는 것

이제 대화의 관점에서 위의 사례를 생각해보자. 온라인에서는 자신감이 충만하다. 자신의 거실을 떠나지 않고도 유머러스하고 즐거운 사람이 될 수 있다. 심지어 옷을 걸칠 필요도 없이 친구들을 축하하고 위로할 수 있다. 1분도 걸리지 않아 소셜 미디어를 통해 지인들에게 생일 축하 메시지를 보내고 자기 일로 돌아올 수 있다. 갈등 상황에 직면해서도 더 편안하고 자신감 있는 자세를 유지한다. 자기가 편할 때 이메일로 대응할 수 있다거나 상황이 당황스럽고 어려워질 때는 전화기를 꺼놓으면 된다는 사실이 안도감을 준다. 하지만 실제 세계로 돌아와서 다른 사람과 얼굴을 맞대야 할 때는 어떻게 할 것인가?

- 누군가와 만나 얼굴을 맞대고 실제 대화를 할 때 온라인 의사소통 기술을 쓸 수 있는가?
- 실제 말을 통해서 온라인과 같은 축하와 위로를 할 수 있는가?
- 표정과 몸짓이 오해를 불러일으키지 않게 어떻게 관리할 것인가?
- 무언가 잘못되거나 이해하기 어려운 말을 당신이 했을 때 어떻게 할 것인가?
- 실수로 다른 사람의 감정을 상하게 하거나 분위기를 망치는 말을 했다면 어떻게 상황을 수습할 것인가?

- 대화 상대방이 당신에게 무례한 말을 한다면 어떤 감정이 들까? 어떻게 할 것인가?
- 침묵에 어떻게 대처할 것인가? 논쟁에 어떻게 대처할 것인가?

요즘 사람들은 누군가와 얼굴을 대면하고 차 한 잔을 마실 동안 랩톱을 닫고 조용히 생각하기 어려워한다. 끊임없이 스마트폰을 살피느라 상대방이 하는 이야기의 맥락을 놓치기 일쑤고 리듬감 있게 대화를 이어가지 못한다. 대화 중 자연스럽게 발생하는 잠깐의 침묵도 견디지 못해 이내 스마트폰 화면으로 눈길을 돌린다. 컴퓨터와 모바일 기기 뒤에서 소통하는 것이 결국엔 실제 대화를 어렵게 한다는 말이 정확히 의미하는 바다.

실생활에 필요한 대화를 문자나 이메일 메시지로 해결하는 유형이라면 이제 그런 기기들을 한쪽으로 치워야 할 시간이다. 다음 주에는 사람들과 대화를 연습해라. 가능한 한 많이, 실제 대화에 도전해라. 대화 근육을 키운다고 생각해라. 친구에게 짧은 대답을 타이핑해서 보내지 말고 수화기를 들고 전화를 해라. 편하게 대할 수 있는 사람과 커피 약속을 잡아라.

가까운 가족을 방문해라. 사람들과 대화하면서 어렵다고 느껴지는 점을 기록해라.

- 침묵하는 특정 주제가 있는가?
- 사람들이 당신에게 집중하거나 칭찬할 때 불편해지는가?
- 잘못되거나 오해를 불러일으키는 말을 자주 하는가(혹은 한다고 생각하는가)?
- 다른 사람들이 당신을 오해하는가(혹은 한다고 생각하는가)?

누군가와 대화를 한 후 성공적이었는지 자신에게 물어보라. 그리고 왜 성공이었는지 또는 실패였는지 생각해본다. 어떤 주제가 당신에게 편한지 혹은 힘이 드는지 생각해본다. 더불어 전자 기기에 얼마나 의존하는지 시간을 내서 평가하고 이유에 대해 고민해본다.

누군가와 대면하지 않을 때 더 편한 특정 대화 주제가 있는가? 만약 그렇다면 그 주제가 간단하고 비교적 중요하지 않기 때문인가? 아니면 반대로 꽤 진지해서 직접 만나서 대화하기가 어렵거나 불안하기 때문인가?

자신에게 무엇이 장애물인지 파악하는 최고의 방법은 시간을 내어 자기 자신을 더 잘 알려고 노력하고 심사숙고하는 것이다. '대화를 연습한다는 것'이 바보 같은 말로 들릴지도 모르지만 더 많이 연습할수록 당신이 되고 싶은, 대화를 잘하는 사람에 더 가까워진다. 이 책에 나오는 모든 대화 기술을 연습하고 또 자신을 더 잘 알아가는 방법을 통해 많은 사람이 대화를 편안하게 하는 데 도움을 받을 수 있다.

나는 왜
말하는 게 힘들까

편안한 대화를 하고자 노력하는 데 문자와 이메일만 해로운 영향을 끼치는 것은 결코 아니다. 전자 기기들이 존재하기 전에도 사람들은 대화에 어려움을 겪었다. 좋아하는 책이나 영화 속의 인물들을 떠올려보면 쉽게 짐작할 수 있다. 그들이 직장 상사나 처가의 장인, 사랑하는 이들에게 불안감이나 어색함을 느끼는 장면이 얼마나 많이 나오는가? 너무 많아서 다 세기도 어렵다! 거의 모든 사람이 대화에 어려움을 느끼기 때문에 다른 사람과 이야기 나눌 때 느끼는 불안이나 갈등 상황은 영화나 문학에서 자주 등장하는 플롯이다. 누구나 살아가면서 때때로 서툴고 불편한 대화를 해봤고 또 반복해서 겪을 것이다. 그렇다고 해서 모든 대화가 어색하고 불편하다는 점을 당연시하라는 말은 아니다.

편안하게 대화를 잘하는 사람이 되고 싶다면 충분한 시간을 들여 인생에서 처음으로 당신을 주저하게 했던 사건을 돌이켜보는 것이 도움이 된다. 현재 자신의 모습이 어떻게 형성되었는지 스스로에게 질문하고 돌아본다. 이는 내일 내가 어떤 모습일지에 커다란 영향을 미친다.

- 왜 사람들과 대화를 나누는 것이 어려운가?
- 다른 사람들에 대해 느끼고 행동하는 방식에서 개인적으로 갖고 있는 장애는 무엇인가?
- 갈등 상황에서 어떤 감정이 드는가? 이유는 무엇인가?
- 열등감 때문에 힘든가?
- 비웃음을 살까봐, 거절을 당할까봐 두려운가?
- 과거의 당황스러웠던 상황이 아직도 발목을 잡고 있는가?
- 대화를 시작하기가 혹은 지속하기가 어려운가?
- 사람들과 대화할 때 현재 당신이 느끼는 감정에 영향을 미친 과거의 경험을 찾아낼 수 있는가?

삶의 특정 문제에 대해 어려움을 겪는 이유를 이해하는 것은 이를 극복하기 위한 첫걸음이다. 아래 목록은 사람들과 대화할 때 불안감을 형성하는 원인으로 꼽히는 감정, 성격적 특징, 그리고 경험들을 보여준다.

낮은 자존감

자존감이 낮으면 삶의 거의 모든 면에서 문제가 생긴다. 특히 사람들과 대화할 때 나쁜 영향을 미친다. 친구들과 건강한 관계를 유지하고 직장에서 경력을 쌓아갈 때 낮은 자존감과 자기 표현력 부족이 결합하면 독배가 될 수 있다. 무엇보다 자긍심이 낮거나 자기혐오, 자기 비하와 같은 문제를 갖고 있다면 사람들과의 대화가 부담스러운 것은 놀랄 일이 아니다.

자신감이 부족하거나 자신에게 "괴짜", "다른" 또는 "못난"이라는 수식어를 붙이는 잠재의식이 있다면 다른 사람들과 만났을 때 이단아, 잘 섞이지 못하는 사람이라고 스스로 생각하기 쉽다. 너무 나선다는 평가를 받을까 두려워하고 주목을 받기보다는 눈에 띄지 않는 곳에서 투명인간이 되기를 바란다. 불편해진 대화에 완전히 기진맥진할 수도 있고, 자신의 부족한 의사소통 능력 때문에 친구 사이가 틀어져 충격을 받을 수도 있다.

자존감이 낮은 사람들은 대개 불안으로 고통을 겪는다. 거기에 더해 다른 사람과 건강하고 긍정적인 의사소통을 함에도 불구하고 이를 잘 인식하지 못한다. 자신의 부족한 점에 더욱 집중하고 비관적인 자기 연민에 빠져들고 습관적으로 부정적 주문을 반복하여 자기 신뢰감을 떨어뜨린다. 자존감이 낮은 사람들이 부정적인 분쟁 상황을 만드는 것은 흔한 일이다. 그들은 사람들과 만나는 자리나 대화가 어떻게 진행될지에 대해 지나치게 걱정한다. 지레 걱정하면서 불안감은 키우고 자신감은 낮춘다. 나중에 대화나 그와 관련된 상황을 돌이켜 생각하면서 사소한 실수에도 스스로를 비하한다.

자존감이 낮은 사람들에 대해 갖는 흔한 편견 가운데 하나가 그들이 모두 수줍거나 조용한 성격이라고 생각하는 점이다. 이런 믿음은 전혀 사실이 아니다. 자존감이 낮은 사람은 각기 다르다. 모든 사람의 자존감은 자신들 각각의 개인적 인생 경험에 따라 형성된다. 당신이 경험한 인간관계, 과거에 겪은 갈등 상황, 내면에 자리 잡은 좌절감을 준 기억과 트라우마가 모두 자기 자신에 대해 느끼는 감정을 이루는 토대가 된다. 낮은 자존감은 모두의 삶에 다른 방식으로 유사한 영향을 끼친다. 대부분 자존감이 낮은 사람들은 이를 감추는 데 매우 능숙하다. 실제로 자신의 자존감이 낮다는 사실 자체를 인지하지 못하는 경우도 많다. 다른 사람들을 적극적으로 괴롭히고 조롱하는 사람들이 오히려 스스로에 대한 자신감이 부족하고 수동적인 사람과 동일한 크기의 자존감을 가지고 있을 확률도 높다. 많은 사람이 자기 신뢰가 부족할 경우 일상의 삶에 어떤 영향을 끼치는지 잘 알지 못한다.

자존감은 인간의 삶에서 복잡한 부분에 해당한다. 여러 가지 이유에 따라 다양한 형태로 나타난다. 흔히 가장 시끄러운 사람들이 낮은 자존감이나 불안감의 결과로 자신을 과장하거나 자신의 단점을 감추려고 다른 사람들을 비난하는 행동을 하느라 그리된다. 이런 사람들은 다른 사람들에게 무례하거나 거만한 인상을 준다. 다른 사람들에게 매우 엄격하고, 사회적으로 미숙하거나 자기 생각이나 감정에만 지나치게 집착한다. 뭔가 숨기는 게 있거나 의심이 많다는 인상을 주기도 한다.

자존감이 낮은 사람들의 다른 유형은 조용하고 내성적이며 갈등이나 대립을 무서워한다. 자신을 높이기를 싫어하고 다른 사람들을 앞세운다. 이런 감정들이 다른 사람들과의 편안한 대화를 어떻게 방해하는지 상상할 수 있다. 자신에 대해 부정적인 평가에 사로잡혀 있다면 ─ 그 평가가 타인에 대한 열등감이든 우월감이든 상관없이 ─ 자신감 있는 태도로 자신의 감정이나 생각을 적절하게 잘 표현하지 못한다.

낮은 자존감을 완전히 회복하는 것은 불가능하지 않다. 다만 시간이 걸리고 인내가 필요하다. 자존감을 회복하면 자신을 둘러싼 세상과 자기 자신에 대한 평가를 완전히 바꿀 수 있다. 도전할 만한 가치가 충분한 여정이다. 지금 현재 우리에게 좋은 소식 하나는 사람들과 대화하는 문제에서 낮은 자존감이 필연적으로 가장 큰 장애는 아니라는 것이다. 이 책 전체를 통해서 개인적 자기 신뢰도와 상관없이 누구든지 편안하게 이야기하는 데 필요한 기술과 지식을 배울 수 있다. 더 좋은 소식은 대화의 기술을 완성해갈수록 자존감은 자연적으로 치유된다는 사실이다. 새로운 대화 기술을 배워 자신의 삶과 자기 자신을 개선하려는 발걸음은 자신에 대한 부정적 감정을 바꾸는 환상적인 방법이다.

힘들었던 과거

특히 유아기나 청소년기 또는 성인이 된 초기에 힘든 일을 겪었다면 다른 사람들과 편안하게 대화하는 데 필요한 사회적 기술을 배울 때 어려울 수 있다. 시기와 상관없이 어떤 방식으로든 학대를 당한 적이 있다면 그런 경험이 없는 이들과는 사람들에 대한 감정이 완전히 다를 수밖에 없다. 주변을 둘러보면 가끔 의심과 두려움이 많고 충동적이며 자신감이 많이 떨어지는 사람들을 볼 수 있다. 어떤 형태든 감정적으로 몹시 불안하거나 그에 따른 트라우마를 겪은 적이 있다면 자신이 타인들과 "다르다"거나 동떨어진 느낌을 가질 수 있다. 다른 사람을 존중하듯이 자기 자신을 대하기가 어렵다. 자신을 부적격자로 저평가하고 다른 사람을 동경하면서 대화하는 데 불편함을 느낀다. 게다가 힘든 과거가 있다는 것은 개인적 성장과정에서 감정적 지지와 격려를 받지 못했다는 것을 의미한다. 부모가 폭력적이고 애정이 부족한 가정에서 성장기를 보내면서 생긴 트라우마는 살아가는 데 거대한 장애물이 된다. 더 "성공적인" 형제나 친구와 계속 비교되고 무시당한 경험 또한 성인이 된 이후에도 계속 같은 고통을 준다.

과거를 힘든 상처로 기억하게 하는 요소는 많다. 딱히 극단적이거나 드라마틱한 사건과 관련된 경험이 아닐 수도 있다. 예를 들어, 집안 형편이 어려웠거나, 장애가 있거나, 적절한 교육을 받지 못하는 등, 다른 사람들과 다른 상황에 놓인 경험은 당신을 둘러싼 세계 속에서 자신을 평가하는 방식을 형성한다. 이는 다른 사람과 대화하는 것을 걱정스럽고 부담스러운 일로 만든다.

교육을 받지 못했거나 장애를 가진 누군가를 상상해보자. 그들이 어떤 대우를 받느냐에 따라 다른 사람과의 차이를 큰 결점으로 생각할 수도 있다. 축구 대신 발레를 좋아하는 어린 소년이나 친구들과 함께 파자마 파티를 하는 것보다 아버지와 형제들과 함께 무언가를 부수고 만들고 싶어 하는 소녀처럼, 성별에 따라 세상이 정해 놓은 규범에 맞지 않는 젊은이를 상상해보자. 이 젊은이들이 친구들 사이에서 적응하고, 그들 자신을 정직하게 표현하고, 친구로서 진지하게 받아들여지기 위해 어떤 식으로 애를 쓰는지 생각해보자.

각자 시간을 들여 자신의 성장 과정과 어린 시절을 되돌아보자. 사람들과 대화하는 데 자신감을 떨어뜨리는 어떤 사건이 있었는가? 아래 질문을 자신에게 던져보자.

- 타인과의 대화가 지금보다 더 편했던 시기가 있었는가? 만약 그렇다면 이후 어떤 영향을 미치는 일이 일어났는가?
- 어린 시절에 또래 아이들과 다른 점은 무엇이었나? 지금도 다른 점이 있는가?
- 거절당하는 일이 흔한가?
- 어린이로서 인정받고 존중받았는가? 지금은 어떤가?
- 과거에 힘들었을 때 어떻게 대처했는가?
- 감정을 주저 없이 이야기할 수 있었는가, 아니면 가슴에 묻어두었는가?

누군가가 계속적으로 조롱받거나 비하를 받으면 자신과 주변 사람들에 대해 부정적인 감정이 생길 확률이 높다. 유사하게 누군가 어린 시절에 비이성적인 압박을 크게 받았거나 이해하기 힘든 높은 기준을 요구받았다면 그들은 자동적으로 낮은 자기 신뢰감을 갖게 마련이다. 그리고 감정을 솔직하게 느끼고 표현하기보다는 감추도록 교육을 받았다면 커가면서 자기감정을 있는 그대로 표현하는 것은 약한 모습을 보여주는 것이라 생각하기 쉽다. 만약 사람들과 거리를 두라고 교육받았다면 사람들이 당신에게 진정한 관심을 보일 때 불편하거나 의심이 갈 수 있다. 게다가 과거에 학대받은 경험이 있다면 자신에 대해 매우 부정적인 믿음이 마음에 자리 잡는다. 사람들을 친밀하게 받아들이지 못하고 자신에 대한 칭찬을 들어도 기쁘지 않다. 자신에게 어떤 장점이 있는지 잘 알아차리지도 못한다.

과거에 힘들었던 경험이 반복될까봐 두려워 사람들과의 대화를 피한다면 이는 자신을 보호하는 데 전혀 효과적이지 않다. 살아가면서 믿을 만한 사람들을 가까이 두는 것은 매우 중요하다. 적어도 그들에게는 진정한 자신의 모습 그대로, 조롱이나 거절에 대한 두려움 없이 말할 수 있다. 지금 이 현실에 충실하려면 과거의 고통스러운 일을 극복해야 한다.

쉽지는 않겠지만 과거의 트라우마에서 벗어나야 한다. 과거를 이겨내고 앞으로 나아갈 수 있다면 미래는 급격하게 밝아진다. 사람들과 대화하는 법을 배우면 더 긍정적이고 자신감 있는 자신의 미래 모습을 만들 수 있다. 대화 기술을 더 많이 배울수록 자신에 대한 평가가 높아진다. 그리고 자신에 대한 평가가 좋아질수록 사람들과 대화하기가 훨씬 쉬워진다. 과거의 경험들을 반추해보고 지금 자신의 삶에 어떤 영향을 미치는지 생각해보자. 그런 경험들이 당신에게 긍정적으로 작용하는지 아니면 자신을 수면 아래로 붙들고 있는지 스스로에게 물어본다. 만약 과거의 경험이 현재 당신의 삶을 즐길 수 없게 방해한다면 과거 경험을 떨쳐낼 수 있도록 마음을 연다. 과거 경험이 자신이 누구인지를 규정하는 것은 아니다. 그저 자신이 처했던 환경일 뿐이다. 현재의 자신이 얽매여 있던 힘든 과거에서 해방되는 모습을 상상해본다. 내면에서 원하는 현재와 미래의 자기 모습을 구체적으로 생생하게 머릿속에 그려본다. 해낼 수 있다고 스스로에게 반복해서 격려한다. 누구나 원하는 삶을 살 자격이 있다. 과거가 미래를 지배하게 놔두지 마라.

채워지지 않은 인정 욕구

감추고 싶지만 인정받고 싶은 욕구는 인간의 자연스러운 특성이다. 어린 시절부터 학교와 가정을 통해 인정 욕구가 형성된다. 선생님은 좋은 성적을 받거나 친구에게 도움을 주면 칭찬을 한다. 부모님은 성적을 잘 받으면 적절한 평가와 보상으로 인정해준다. 친구들은 스포츠나 그룹 활동에서 활약을 할 때 존중해준다. 성인이 된 이후에도 대부분의 사람들이 자신에 대한 타인의 인정을 좇고 간절히 바란다. 급여를 올리고 승진하기 위해 자신의 능력을 최대한 발휘하여 일한다. 타인들에게 존중을 얻기 위해 스스로를 표현하려 노력한다.

성장 과정에서 충분히 승인과 인정을 받지 못한 사람은 다른 사람들보다 인정 욕구가 더 강하다. 자연스런 일이지만 앞으로도 이런 욕구에 휘둘릴 필요는 없다. 인정 욕구가 강하다고 해서 무언가 결핍되어 있다는 의미는 아니다. 하지만 이는 때때로 대화를 어렵게 한다. 누군가 인정받고 싶은 욕구가 강하다면 대화할 때도 일정 수준 드러난다. 모든 사람은 다 다르며 행동 양상도 제각각 다르다. 예를 들어 인정 욕구가 강렬하면, 타인이 당신보다 더 많은 성취를 이뤘을 때 부끄러움이나 자기혐오를 느끼게 하고 마음의 문을 닫게 한다. 때때로 지나치게 방어적인 자세를 취하게 한다. 성공해야 한다는 생각에 사로잡혀 과로를 하기도 한다. 또한 다른 사람이 성취한 성공에 매우 비판적으로 반응하여 무례하거나 교만하다는 평가를 얻기도 한다. 다른 한편으로 인정 욕구로 인해 지나치게 조용하거나 수줍음이 많은 성격이 되기도 한다. 정작 당신이 뭔가 인정받고 칭찬받을 일을 성취했을 때는 오히려 불안하고 불편한 마음이 든다. 이런 범주에 드는 대부분 사람들은 일생 동안 다양한 형태의 불안에 시달린다.

강한 인정 욕구를 극복하는 것은 가능하다. 가장 강력한 치유법은 정기적으로 자신을 돌아보며 스스로를 마음속 깊이 인정하는 것이다. 흔히들 뭔가 가치 있는 일을 했을 때만 이를 인정하고 자신을 많이 칭찬한다. 동료들에 비해 부끄러운 성취라 하더라도 자신이 이룬 것에 대해 진정으로 기뻐한다. 가장 중요한 점은 타인의 성취를 질투하거나 불안, 비판적 자세로 느끼기보다 긍정적 자세로 바라보는 법을 배우는 것이다. 대화의 관점에서 타인에 대해 감사하는 마음을 갖는 것은 중요한 기술이다. 인생 전체를 통틀어 도움이 된다. 타인의 선택이나 성취는 당신에 대한 비판이나 지적이 아니라는 사실을 기억한다. 모든 사람은 자신만의 인생이 있고 존중받을 가치가 있다. 자신의 내면에 있는 비판적이고 무례한 자세를 용납하지 마라. 인정 욕구를 받아들이고 스스로를 잘 대해라. 이를 잘할수록 주변 사람들에게 자신감이 생기고 주변 사람들도 당신을 더 인정한다.

무안, 비난, 조롱에 대한 공포

부정적이거나 상처 주는 평가에 영향을 받지 않는 사람은 매우 드물다. 누군가 개인적인 신념을 비판하거나 조롱한다면 참아내기가 쉽지 않다. 인간은 여러 가지 측면에서 사회적 동물이다. 홀로 살아갈 수 없으며 집단에 속해 있을 때 능력을 발휘한다. 일정 수준에 오르기까지 타인의 지지와 평가가 필요하다. 집단에서 소외되면 매우 고통스럽고 극복하기가 쉽지 않다. 특히 자존감이 낮거나 인정에 대한 잠재된 욕구가 큰 사람이라면 더욱 그렇다.

불행히도 거절당하는 일은 일상에서 비일비재하다. 많은 대화가 부정적인 결말로 끝나고 특히 업무와 관련해서는 그런 상황이 더 빈번하게 일어난다. 회의나 동료들과 모인 자리에서 아이디어를 냈을 때 이를 거부당하면 정말 마음에 상처를 입는다. 무안해지고 괜히 말을 꺼냈다는 후회가 들면서 다시는 아이디어를 입 밖으로 내뱉지 않게 된다. 결국 난감한 상황에 대한 공포는 대화를 더욱 불안하게 하고 비난받는 상황에 대한 공포에 길들여져 직장에서의 업무 효율은 떨어지고 자꾸 뒤로 숨고만 싶어진다. 집에서 가족들이나 친구 사이에서도 유사한 상황이 발생한다.

　모든 사람이 살아가면서 반대와 비판을 경험한다. 견디기 쉽지는 않겠지만 굴복하면 안 된다. 두려움 때문에 대화가 힘들다면 변화가 필요한 때다. 오해받고 무시당하고 비판받거나 바보 같은 말을 할까 두렵다면 다른 사람들과의 대화는 점점 더 어려워지고 불안감은 더욱 커진다. 찬찬히 시간을 두고 이런 공포들이 어떻게 자기 믿음에 영향을 미치고 다른 사람과의 대화를 피하게 하는지 생각해본다. 공적인 상황에서 다른 사람들은 어떻게 느끼는지 생각해본다면 도움이 된다. 사람들과 섞여 있을 때 다른 모든 사람도 정확히 당신과 같은 방식으로 상처받기 쉽다는 점을 떠올린다. 사실상 다른 대부분의 사람들도 당신에게 주목하기보다는 자신이 대화에서 상처받지 않을까에 훨씬 더 신경 쓴다. 당신의 사회적 불안감을 이겨내기 위해 이런 사실을 규칙적으로 떠올리는 것은 강력한 치유 효과를 발휘한다. 모든 사람은 타인을 신경 쓰기보다는 자기 자신에게 집중한다. 당신이 느끼는 당혹감은 타인의 레이더에 아예 나타나지 않을 수도 있다.

　다른 이의 비난은 때로 당신이 목표 달성을 위해 아이디어를 가다듬는 데 도움을 준다는 점을 기억한다. 어떤 점이 잘못

됐고 무엇을 더 잘할 수 있는지를 알 수 있다면 새로운 기술과 더 나은 지식, 모든 측면에서 자기 성장으로 나아갈 수 있는 길을 개척할 수 있다.

비난에 대처하기 힘들다면 아래와 같이 이유를 스스로에게 물어본다.

• 인정받고 싶은데 그 욕구가 채워지지 않아서인가?
• 비판을 받으면 당혹스럽고 무가치하고 무능한 느낌이 드는가?
• 비판을 받으면 타인에 대한 열등감이 생기는가?
• 자존감에 영향을 받는가?

자신의 내면을 탐구함과 동시에 비슷한 상황에서 다른 사람들은 어떻게 느낄지를 생각하면서 균형 잡힌 시각을 유지하려고 노력한다. 이런 상황에 잘 대처하는 이를 안다면 그는 어떻게 그럴 수 있는지를 생각해보고 당신도 가능한지 스스로에게 물어본다. 앞으로는 자신을 비하하려는 충동을 억제한다. 대신 부정적 경험을 떠올리기보다는 긍정적 기억을 떠올린다. 거기에서 뭔가를 배우고 전진한다. 누군가가 의도적으로 비난을 가하거나 상처를 준다면 스스로에게 털어버리라고 말한다. 그런 부정적 느낌은 자신에게 아무런 도움이 되지 않는다. 부정적 감정에 너무 빠져들지 않도록 하는 것이 최선이다.

때론 독이 되는 높은 지능

높은 지능이 의사소통에 문제를 일으킨다는 것은 사실 믿기 힘들다. 지능이 높은 사람이 사회성 면에서도 능숙할까? 불행히도 그렇지는 않다. 학문적 지능이 사회성을 절대적으로 보장하는 것은 아니다. 오히려 그 반대일 때가 많다.

학교에서 가장 높은 성적을 받고, 자신이 선택한 기술을 발전시키기 위해 열심히 일하는 사람들이 종종 사회적 기술은 부족할 때가 많다. 세상에서 어떤 성취를 얻으려면 사회적 기술은 필수다. 예를 들어 직장에서 누군가가 자기보다 덜 지적이고 덜 유능한 데도 쉽고 빠르게 더 높은 보수를 받는 자리로 승진하는 것을 종종 본다. 그 사람보다 자신의 기술과 지식이 훨씬 높다는 것을 알기에 몹시 당황스럽고 화가 난다. 정말 불공평해 보인다. 하지만 이런 일은 항상 발생하고 그 이유는 대체로 승진을 잘하는 사람이 직장 생활에서 사회적 측면을 더 잘 이해하고 있어서다. 사람을 대하는 기술이 더 좋아서 성공으로 이어진 것이다.

그렇다면 똑똑하다는 것이 원활한 대화를 방해하는 이유는 무엇일까?

우선 지능이 높은 일부 사람들은 타인의 의견을 잘 물어보지 않는다. 이는 무례하거나 교만하고 자기중심적이라는 인상을 준다. 둘째 다른 일부는 특정 사회적 감수성이 결여돼 있다. 자신의 학문적 성취에 대한 자부심이 대단히 커서 타인에게 발언할 기회를 주지 않고 종종 무시하거나 말을 끊고 바로잡으려 한다. 똑똑한 사람은 매우 비판적이고 공감 능력이 떨어질 때가 많다. 이로 인해 타인으로부터 소외당하고 친구 관계를 맺거나 유지하기 힘들다. 직장에서도 아웃사이더가 되기 쉽다. 지능이 높은 사람 모두가 사회적 기술이 부족하다고 말하는 것은 아니다. 그렇게 단정 짓는 것은 사실도 아니고 공정하지도 않다.

다만 완전히 사회적으로 적응하지 못하는 높은 지능을 가진 일부 사람들이 있다는 것도 사실이다. 적응하지 못하는 이유는 자신의 잘못된 발언을 인정하기 싫어하고 사회적 기술이 필요한 일에 다른 사람들의 도움을 요청하기를 꺼려하기 때문이다. 그들에게는 다른 사람들에게 도움을 구하는 일이 쉽지 않다. 똑똑한 사람들은 완고한 경향이 있다. 그래서 대화와 같은 기본적인 일에 조언을 구하는 것은 스스로를 약하거나 열등하게 만든다고 생각한다.

사회적 기술은 연습이 필요하다. 높은 지능을 가진 사람이 사회적 기술을 배우고 단련할 기회를 갖지 못했다면 대화를 하면서 다른 사람의 기분을 망치거나 상황을 오해하는 실수를 하는 것은 그리 놀랄 일이 아니다. 또 오로지 논리적 사고에만 집중하는 사람은 다른 사람의 감정을 완전히 잘못 해석할 수도 있다. 사람의 감정을 논리적으로 해석하고 싶은 충동을 억누르는 것은 무척 중요하다. 세상이 어디 논리적으로만 해석이 되던가. 더구나 인간은 매우 복잡한 존재다. 우리 각자는 수십 년의 개인적 경험과 사고, 자신만의 믿음이 있다.

인간관계가 힘들어 누군가에게 털어놓고 싶을 때 논리적 방정식으로 해결하려는 사람을 찾아서는 별 도움이 되지 않는다. 그보다는 높은 감정 지능을 가진 사람이 훨씬 도움이 된다. 그들은 단지 이렇게 저렇게 하라는 말보다는 당신의 감정을 깊이 배려하고 공감한다.

당신의 지능이 사회적 부적응의 원인이 된다고 생각한다면 두려워하지 마라. 이런 문제를 극복할 수 있는 실용적 기술과 조언들이 이 책에 풍부하게 소개되어 있다.

경험의 폭이 좁을 때

현재 자신의 모습을 형성한 원인들에 대해 이해하는 것은 삶의 어려움을 극복하고 자기 성장을 위해서도 중요한 일이다. 주변 사람들과 편하게 어울리지 못하는 성격이라면 어린 시절에 사회적 기술을 습득할 기회가 부족했을 가능성이 있다. 거기엔 여러 가지 이유가 있다. 예를 들어 사회적으로 부적격인 부모를 뒀을 수도 있고 과잉보호하는 부모의 감시 탓에 실제 세상과 접할 기회를 차단당했을 수도 있다. 외동이거나 팀 스포츠, 그룹 활동보다는 고독하게 즐기는 행위에 더 빠져들었을 수도 있다. 학교에서 괴롭힘이나 따돌림을 당해 사람들 사이에 있을 때 긴장하는 습관이 생겼을 수도 있다. 마찬가지로 성인이 된 이후에 가족이나 연인, 직장 동료들, 친구에게서 비슷한 일을 겪었다면 같은 불안감이 생길 수 있다.

사회적 경험이 부족하다면 사람들에게 말을 거는 행위가 심리적으로 부담감을 준다. 이때 대화를 잘하고 싶다는 개인적인 목적과 성취하려는 바를 생각하는 것이 중요하다. 모든 사람이 모임에서 중심이 되기를 원하는 것은 아니다. 우리 중 일부는 그저 회의를 무난히 치르고 공포감에 젖지 않고 데이트를 할 수 있기를 바랄 뿐이다. 실제로 바라지도 않는 무언가로 자신을 압박하는 것은 어리석다. 사람들과 편하게 대화하는 기술은 누구나 익힐 수 있다. 다만 욕심 내지 않고 아장아장 아기 걸음으로 나아가는 것이 가장 좋은 방법이다. 목표가 현실적일 때 목표를 이루고 성공할 확률이 더 높다. 큰 목표로 향하는 여러 개의 작은 목표들을 설정할 때 큰 목표를 향해 바로 직진할 때보다 최종 목표에 도달할 확률이 더 높아진다.

자신을 위해 진정으로 원하는 몇 개의 작은 목표를 설정해보자. 당신의 목표가 사회생활에서 편안한 대화를 하는 것이라면 목표를 이에 맞게 설정한다. 동시에 대단한 대중 연설가가 되겠다는 시도는 하지 마라. 자신이 누구인지 또 삶에서 원하는 것이 무엇인지를 분명히 이해하는 것은 자기 성장을 위해 필수적이다. 삶에서 무언가를 원할 때 자신에게 너무 엄격하면서 비현실적인 목표를 설정할 때가 있다. 이런 방식은 실패할 가능성만 높인다.

　진정으로 성취하고 싶은 것이 무엇인지 시간을 두고 생각해 본다. 오로지 거기에 관심을 두고 집중한다. 완전히 다른 사람이 되고 싶다는 충동은 버린다. 그리고 다른 사람들과 다르다고 해서 자신을 결코 비하하지 않는다. 성장기에 사회적 경험이 부족하다고 해서 성인이 되어서도 필연적으로 영향을 받을 필요는 없다. 인간은 변화와 성장할 수 있는 잠재력이 엄청나다. 그런 경험을 통해 대화를 잘하는 사람이 될 수 있는 시기는 딱히 정해져 있지 않다.

내성적인 성격

기본적으로 사회성이 떨어지고 불안에 취약한 특정 성격이 있다. 그런 성향 중 하나가 바로 내성적인 성격이다. 천성적으로 다른 이들보다 조용하고 수줍음이 많다고 해서 항상 이런 문제를 갖고 있다는 의미는 아니다. 오히려 많은 내성적인 사람들이 다른 사람과 건강한 관계를 유지하는 데 아무런 문제를 느끼지 않고 자기 삶에 만족한다. 하지만 자신의 조용한 천성이 대화를 편안하게 하는 데 방해가 된다고 느끼는 사람들이 간혹 있다.

천성적으로 내향적인 사람들은 자꾸 민감해지는 감정과 수줍음으로 고통을 겪는다. 당혹스런 상황을 마주했을 때나 어떤 일이 실패했을 때 이에 대처하는 것을 어려워할 뿐만 아니라 타인의 비판에도 쉽게 상처를 받는다. 또 반대로 공개 석상에서 칭찬이나 긍정적인 관심을 받는 것도 무척 힘들어한다. 게다가 내향적인 사람들은 여러 사람들이 모이는 자리를 지나치게 민감하고 부담스럽게 받아들인다. 친구와 일대일이나 소규모로 만나는 것을 더 선호한다. 이런 범주의 사람들은 구직 면접이나 데이트 그리고 협상이 필요한 만남 같은 상황을 무척 힘들어한다.

내향적인 사람은 대화를 편하게 느끼는 것이 항상 쉽지만은 않다. 어린 시절에 내성적 성격은 괴롭힘을 당하거나 제한된 친구관계를 맺기 쉽다. 이런 아이들은 팀 스포츠나 교외 활동 또는 초기의 성적인 경험에서 친구들에 비해 뒤처진다. 위험을 부담하며 도전하기를 꺼려하고 인생에서 기회를 움켜잡는 데 실패하기 쉽다. 내향적인 성격에서 흔히 발견되는 흔한 측면은 혼자 있을 때 느끼는 일정 수준의 만족감이다. 고독에서 이런 훌륭한 만족감을 느끼는 성격 유형은 매우 드물다. 이런 만족감이 매우 긍정적이긴 하지만 사회 활동에서 앞에 나서야 할 때 거부감이나 회피로 이어질 수도 있다. 이는 사회적 영역에서 경험 부족으로 이어진다.

만약 내성적이라면 이런 성격이 결점이나 흠이 아니라는 사실을 깨닫는 것이 중요하다. 스스로를 위로하는 능력을 키워 내적 평화를 얻는다. 타인과 대화할 때 어려움을 느낀다면 가능한 한 자주 밖으로 나와서 사람들과 어울리고 대화하는 연습을 하는 것이 현명하다. 단지 동료들과의 점심 자리에 앉아 있거나 외출 약속을 기꺼이 받아들이는 자세를 갖는 것만으로도 도움이 된다. 때때로 익숙한 영역을 깨고 나와 이런 행위를 하다 보면 더욱 융통성이 생기고 진취적으로 변한다. 삶의 정말 많은 부분이 대화로 이뤄지기 때문에 사회적 기술이 부족하면 탁월한 능력을 발휘할 수 있는 곳에서도 뒤처질 수 있다. 더욱 자주 사람들과 어울리는 자리에 나설 수 있게 의도적으로 노력한다. 만약 모임이나 시끄러운 술집 같은 곳이 끌리지 않는다면 친구를 만나 커피를 마시거나 신뢰하는 누군가와 멋진 산책을 해라.

자기 방식만 고집하는 것

사회적으로 융화하는 데 어려움을 느끼는 또 다른 흔한 원인 중 하나는 자신의 믿음이 너무 완고한 경우다. 자신은 천성적으로 솔직하고 타인의 고민에 대해 언제나 올바른 정답을 알고 있다고 생각한다면 타인과 지속적인 관계를 유지하기가 더 어렵다. 대화에서는 누구나 유연한 자세가 필요하다. 내가 타인과의 관계에 들어가고, 차례로 타인이 나와의 관계에 들어오려면 존중과 공감이 필요하다. 건강한 의사소통은 상대방에게 귀를 기울이고 진지하게 받아들이며 설사 당신이 동의하지 않는 내용이더라도 모든 사람의 의견을 소중히 여길 줄 알아야 한다. 타인에게 경청하는 법을 배워야 하고 건강한 토론과 과열된 논쟁을 구별할 줄 알아야 한다. 우리가 사용하는 단어와 말투, 목소리의 크기가 다른 사람들에게 미치는 영향을 의식해야 한다. 사람들은 대화를 나누는 상대방이 자신의 말을 경청하고 존중할 때 가장 편안함을 느낀다. 시끄럽고 잘난체하는 누군가와 나누는 대화는 결코 즐겁지 않다.

자신만의 방식을 고집하는 정말 영악한 사람은 타인들과 가까워지는 데 한계가 있다. 공감 지능이 떨어져서 주변 사람들이 소중히 여기는 가치에 대해 이야기할 때 상대의 기분을 상하게 하고 주변을 불편하게 한다. 일반적으로 사람들은 자신의 이야기에 귀 기울이지 않거나 지나치게 비판적인 사람과 이야기하는 것을 좋아하지 않는다. 게다가 친구들이나 가족, 동료가 자신이 융통성이 없다는 사실을 알면 가까이 접근하지 않는다. 자신의 믿음에 반하는 대화 자리에는 끼워주지 않는다. 이런 범주의 사람들은 상대방의 의견을 존중하고 공감하며 경청하는 법을 배우면 대화가 성공적인 모습으로 드라마틱하게 바뀐다.

사람들의 의견에 귀를 기울인다고 해서 자신의 중요성이나 존재감이 떨어지는 것은 아니다. 경청 자체가 동의를 의미하지도 않는다. 사람들과 상호 존중하며 방향성 있는 대화를 함으로써 자신이 테이블 위에 꺼내놓는 의견에도 높은 가치를 부여받을 수 있다. 사람들과 대화할 때 모두가 편안하게 즐길 수 있도록 각자만의 공간을 존중한다. 그렇지 않으면 그들은 앞으로 당신과 대화하는 데 불안감을 느끼고 불편해하며 기꺼워하지도 않을 것이다.

대화의 단서를 잘 파악하지 못하는 어려움

모두가 대화의 단서를 파악하는 능력을 저절로 습득하는 것은 아니다. 사회생활을 하면서 천성적으로 잘 어우러지는 사람이 있는가 하면 몸짓이나 얼굴 표정, 말투를 해석하는 데 어려움을 겪는 사람도 많다. 상황을 잘못 읽어 부적절한 말을 하거나 뉘앙스를 잘못 해석해 상대방의 말에 엉뚱하게 반응해서 사람들을 당혹스럽게 할 수 있다. 또 상대방이 특정 주제에 대해 이야기하기를 원하지 않는다는 사실을 읽어내지 못하는 경우도 많다. 누군가 불쾌해한다는 사실을 인지하지 못하고 화를 돋우는 말을 꺼내기도 한다. 한마디로 말눈치가 없는 사람들이다. 이들은 누군가 자리를 끝내고 싶어 할 때도 이야기를 이어가면서 주변을 어색하고 불편하게 한다. 반대로 사람들이 자신을 좋아하지 않는다고 느낄 수도 있는데 실제로 그런 경우가 많다.

이런 유형의 사람들에게 대화는 극도로 불안한 경험으로 작용한다. 자신을 표현하는 데 어려움을 느끼고 그럴수록 사람들과의 접촉을 회피하려 한다. 그러다 보면 점점 관계를 유지하기 어려워져 자연스레 고립되고 소외된 느낌을 갖는다. 게다가 타인이 보여주는 대화의 단서를 읽지 못하는 사람들은 자신이 어떤 대화의 단서를 표현하는 데도 어려움을 느낀다. 전달하려는 메시지와 상충하는 보디랭귀지를 자신도 모르게 표현한다. 이를테면 의도치 않게 눈맞춤을 피해 경청하지 않거나 상대방의 이야기를 소중히 여기지 않는다는 단서를 상대방에게 전달한다. 심지어 슬픈 이야기를 하는데 자신도 모르게 미소를 짓는다. 이런 사람들은 오해를 받고 자신과 주변 사람들을 몹시 당혹스럽게 한다.

대화의 단서를 읽는 데 서툴다면 많은 시간을 들여 연습한다. 이 책 뒷부분에 제시한 실전 연습은 많은 도움이 될 것이다. 몸짓과 얼굴 표정, 그리고 '분위기 파악'과 같은 주제를 통해 대화의 단서를 짚어내는 것을 배울 수 있다. 더 쉽고 효율적인 방법으로는 자신을 지지해주는 사람들과 자주 어울리는 것이다. 가까운 친구나 가족들에게 자신이 말할 때 취하는 몸짓 언어를 '읽고' 조언을 부탁하는 것은 최고의 방법이다.

또 다른 방법으로 친구와 말하는 대신 몸짓과 표정만으로 의사소통을 해보는 것도 이 문제를 해결하는 데 도움이 된다. 친구와 몸짓과 표정으로 말하는 역할극을 할 수 있는 기회가 생긴다면 거울을 앞에 두고 상대방이 보는 자신의 표정이 과연 어떠한지 관찰해본다. 단 이런 자기 성장의 여정에서 자기 자신에게 관대한 마음을 가져야 한다는 점을 명심한다. 자신을 비하하지 말고 예상보다 힘이 들고 시간이 걸리더라도 좌절하지 않는다.

사회적 불안이 클 때

사회적 불안을 겪는 사람들이 대화를 부담스럽고 무서워하며 감정적으로 동요한다는 사실은 그리 놀랍지 않다. 사회적 불안은 삶의 많은 측면에 영향을 미친다. 단지 버스를 타는 일에서부터 직장에서 회의에 참여하는 상황까지 다양하다. 게다가 사회적 자극에 따른 공황발작에 시달리고 있다면 외출 자체가 두렵다. 사회적 불안이 몹시 흔한 현상이고 힘들어 보이지만 극복할 수 있는 문제라는 사실을 깨닫는 것이 중요하다. 질주하는 생각의 흐름을 늦추고 눈앞의 상황을 이성적으로 파악해서 평정심을 얻고 유지하는 방법을 배운다면 충분히 사회 불안 장애를 극복할 수 있다. 가장 중요하게는, 인내가 필요하고 시간이 걸리겠지만, 이런 장애를 진정으로 극복하고 싶다면 어느 시점에선 공포와 정면으로 맞서야 한다.

사회적 불안과 공황발작이 가장 큰 문제라면 이로부터 회복하기 위한 시간을 자신에게 충분히 주고 회복이 더디더라도 참을성 있는 태도를 갖는다. 한 번에 하나씩 해결한다는 마음을 가져라. 아이가 걸음마를 배우듯 천천히 불안을 마주한다. 예를 들어 극심한 사회적 불안을 가진 사람을 갑작스럽게 소란스런 모임에 던져놓는 것은 오히려 불안을 키워 공황감만 증가시킬 것이다. 역효과만 불러일으키는 셈이다. 이 문제에 접근하는 효과적인 방법은 편안한 카페에서 친구와 만나는 자리처럼 작은 단계부터 시작하는 것이다. 물론 당신의 공포를 이해하고 이를 극복하는 데 도움을 줄 수 있는 친구여야 한다. 불안감이 상승한다고 느낄 때, 심장박동이 증가하고 땀이 나고 몸이 떨리며 속이 메스꺼워지면 친구에게 자신의 느낌에 대해 1에서 10까지의 단계로 이야기한다. 10은 지금까지 느껴보지 못했던 불안감이고, 1은 냉정하고 침착하게 대처할 수 있는 불안감이다.

말하는 순간의 숫자가 얼마나 높은지와 상관없이 그 장소에 계속 머무른다. 친구에게 이야기를 계속할 수도 있고, 필요하다면 침묵할 수도 있다. 내키는 대로 해라. 하지만 완전히 현재 공간을 떠나거나 일어나 화장실로 피하고 싶은 충동에는 저항한다. 대신 현재 위치에 머물고 1분쯤이나 더 후에 자신의 감정을 다시 1에서 10까지의 숫자로 평가한다. 대개의 경우 이 시점에서 숫자는 동일하거나 더 낮아진다. 때때로 상승하는 경우도 물론 있다.

이와 관계없이 현재 위치에 머물고 이를 몇 번 더 반복한다. 친구와 이야기를 계속하거나 침묵한다. 자리를 계속 지킬수록 단계적으로 불안감의 정도는 떨어지는 사실을 알 수 있다. 불안감의 정도가 3이나 4로 떨어질 때까지 테이블에서 일어서거나 자리를 떠나지 않도록 노력한다. 규칙적으로 반복해서 연습하면 사회적 불안이나 공황발작을 이겨낼 수 있다. 공황 상태에 빠져 있고 감정 상태가 거의 재앙 수준이더라도 실제로는 아무 걱정이 없고 괜찮다는 것을 자신에게 증명하는 방법이다.

불안감이 상승할 때마다 이미 불안감을 경험했고 살아남았다는 사실을 떠올린다. 불안감에 따른 신체 반응은 아드레날린이 올라가면서 일어나는 부수적 효과일 뿐이다. 불안은 정상적인 인간의 감정이다. 인간이라는 종족의 생존 본능과 관련 있고 그런 측면에서 긍정적인 힘으로 생각할 수도 있다. 불안에 대해 통제권을 행사할 수 있다면 실제 삶에 도움이 되는 요소로 활용할 수 있다. 불안을 바라보는 관점을 바꾸면 객관성을 유지하고 이에 대한 통제권을 얻을 수 있다.

공황발작으로 힘겨워하는 사람들은 현재 상황을 더 잘 이해할 수 있도록 불안에 대해 자신을 교육시키는 것이 효과가 있다. 최고의 선택은 용기를 내어 전문가에게 도움을 청하는 것이다. 같은 과정을 겪고 있거나 겪었던 친구나 가족이 있다면 자신의 상황을 설명하여 도움이 되는 정보를 얻으면서 이겨낼 수도 있다. 이 과정에서 외로움도 덜 수 있다.

2장

누구와도 두려움 없이
대화하는 법

대화를 잘하는 사람이 되는 것은 단지 몸짓 언어의 달인이 되고, 똑똑하게 말을 하며, 자신감을 갖는 문제에 국한되지 않는다. 정말 누구와도 편안하게 이야기할 수 있으려면 다른 사람들이 대화를 통해 원하는 바가 무엇인지 진정으로 이해해야 한다.

호감 가는 사람들의
말하기 비밀

현재 알고 있는 아니면 과거에 알았던, 주위에 항상 사람이 많았던 누군가를 떠올려보자. 반드시 지구상에서 가장 외향적인 사람이거나 모임의 중심 혹은 인기 절정의 오락부장일 필요는 없다. 그보다는 항상 점심 식사 테이블에 사람들과 같이 앉아 있고 매번 사람들과 잘 어울리는, 외출이 잦은 사람을 생각해보자. 대개 이런 사람 몇 명쯤은 알고 있다. 속마음은 그 사람의 점심 테이블에 같이 앉아 있고 싶고, 실제로 같이 앉아 있기도 할 것이다.

도대체 그 사람의 어떤 점이 우리 마음을 편안하게 하는 것일까? 가까이하고 싶게 만드는 그 사람의 대화법에 무슨 비결이라도 있을까?

당신의 인생에서 이런 자질을 갖춘 사람을 생각해보라. 떠오르는 사람이 없다면 학창 시절 친구나 영화나 TV 쇼 프로그램의 캐릭터 중에서 찾아보자. 그의 주변에 왜 사람들이 머무는지 이유를 생각해본다.

• 왜 사람들은 그에게 자기 이야기를 털어놓을까?
• 독특한 대화 기술이 있는가?
• 성격 면에서 어떤 특징이 있는가?

이 관점에서 찬찬히 살펴봤다면 곧바로 그들이 가진 몇 가지 긍정적 자질을 발견했을 것이다. 개방적 자세, 솔직함, 존경심, 그리고 신뢰와 같은 자질들이다. 더 깊이 생각해 들어가면 더 많은 자질을 찾아낼 수 있다. 위트, 따뜻한 미소, 긍정적 자세, 또는 기대어 올 수 있는 넓은 어깨 같은 것들이다.

알다시피 이런 점들은 사회성 측면에서 훌륭한 자질들이다. 하지만 더 중요하게는 이런 사람에게 항상 연관되어 이야기할 수 있는 한 가지가 바로 그에게 호감이 간다는 것이다. 그는 누구와도 공감할 수 있다. 그는 공정하게 생각하고 질문한다. 사람들의 이야기에 진정한 흥미를 보여준다.

대화를 잘하고 싶다면 단순히 기본적 대화 기술을 배우기보다는 이런 자질들을 갖는 것이 훨씬 중요하다. 어떤 이유로든 일부 사람들은 다른 사람이 원하는 바를 훨씬 더 자연스럽게 받아들인다. 사람들에게 자신에 대한 좋은 느낌을 주고, 그들에게 무슨 말을 어떤 타이밍에 해야 할지 잘 안다. 그렇지 못하는 우리들은 이를 위해 약간의 지침이 필요하다. 심리학에 대해 그저 몇 가지만 배우면 이런 자질들을 우리도 활용할 수 있다.

먼저 당신이 사람들 사이에서 어떤 모습이길 바라는지 구체적으로 생각해보자. 이제 시간을 내어 눈을 감고 다른 사람들과 즐겁게 대화를 나누는 자신을 머릿속에 그려보자.

편안하고 자신감 있는 자신을 상상한다. 내가 위에 묘사한 사람까지는 원하지 않을지도 모른다. 대신 몇 명의 새로운 친구들을 사귀고, 연인이나 파트너와 편안하게 대화하고, 자신감 있게 직장에서 승진의 사다리에 오를 수 있도록 능숙하게 대화하는 자신을 떠올릴 수 있다. 어떤 모습이든지 그 상상 속의 나는 행복하다.

이 책을 읽어가면서 이 이미지를 가슴속에 간직한다. 대화하고 싶은 사람들과 어떻게 이 책에서 배운 바를 잘 활용할지를 생각한다. 다시 한 번 말하지만 우리는 모두 다르다. 자신이 누군지, 어떤 과거를 가졌는지, 삶에서 원하는 바는 무엇인지, 모두 개별적 자신에게 고유한 것이다. 다름을 인정하는 것은 대화의 가장 기본이다. 우리의 목표는 새로운 사람이 되는 것이 아니다. 자신의 모습 중에서 가장 최고의 버전이 되는 것이 목표다. 자신만의 여정이므로 주기적으로 자기 자신, 자신의 삶, 자신의 목표에 대해 생각할 시간을 갖는다. 최고의 자신을 만들어내기 위해서다!

누구나 대화에서
얻고 싶은 것이 있다

기본적인 몇 가지 대화 기술이 큰 도움이 될 수도 있지만 타인과 관련된 문제는 그보다는 대개 더 복잡하게 마련이다. 만나는 모든 사람 그리고 그 사람들과의 만남에서 벌어지는 모든 시나리오는 제각각 다른 모습이다. 당연한 것은 세상에 하나도 없다. 나와 같은 생각과 감정을 가진 사람도 없다. 그래서 기술적인 요령보다는 좀 더 근본적으로 사람에 대한 이해가 중요하다.

열 길 물속은 알아도 한 길 사람 속은 모른다는 말처럼 인간이라는 존재가 복잡하기는 하지만 우리에게 필요한 특정 요소는 그 속에 있다. 우리는 모두 음식과 물, 잠과 같은 신체적 필요가 있다. 신체적 필요를 넘어서 공통으로 필요한 이차적 요소가 있다. 흔히들 이것을 '근본적 필요'라고 말한다.

어린 시절에 우리는 이런 요소를 대부분 부모, 보호자, 그리고 선생님으로부터 얻는다. 하지만 커가면서 대체로 우리는 우리 자신과 다른 사람들과의 관계에서 이런 것들을 획득한다. 예를 들어 우리 모두는 안전하고 보호받는다는 느낌이 필요하다. 모두 놀이와 휴식이 필요하고 개인적 성장의 기회가 필요하다. 주변 환경에 대한 통제권이 있다는 느낌이 필요하고 또한 어떤 공동체에 소속된 느낌이 필요하다. 사랑과 애정 같은 사회적 자극도 필요하다. 무엇보다도 자신이 소중하게 여겨진다는 느낌이 중요하다. 이런 느낌들이 바로 대화할 때 필요하다고 생각하는 마지막 몇 가지 것들이다.

대부분 사람들은 이런저런 방식으로 대화를 나누면서 사회적 욕구에 대한 만족을 얻는다. 당신의 말을 사람들이 경청하고 조언을 구해 올 때 자연스럽게 스스로 존중받는다는 느낌을 갖는다. 사람들이 진정한 관심을 보여줄 때, 이름을 기억하고 삶에 대한 구체적 질문을 할 때도 같은 느낌을 받는다. 공동체 안에서 다른 사람들의 존경심을 느끼면서 가치관을 생성한다. 중요한 문제에 관해 의견을 물어올 때 우리는 자존감이 높아지고 소속감을 느낀다. 그리고 데이트할 때나 친밀한 관계에서 오고가는 대화에서 매우 자주 사랑과 애정을 느낀다. 대화를 통해 연인에게서 인정을 받는다. 친구나 가족들로부터 지지받고 이해받는다. 함께 일하는 동료를 통해 자신의 가치를 확인한다.

손에 잡히지 않는 불분명하면서도 따뜻한 느낌의 만족감(사회적 욕구에 대한)을 염두에 두고, 대화의 황금률 한 가지를 명심한다.

"대화에서 다른 사람에게 바라는 자세로 당신도 다른 사람을 대해라."

상대방의 욕구를 이해하면 대화가 술술 풀린다

대개는 다른 사람을 잘 대하라는 주의를 주는 의미로 대화의 황금률을 어디선가 한번쯤 들어봤을 것이다. 하지만 여기서 사용한 의미는 다르다. 긍정적인 측면에서 이 황금률을 생각해보자. 당신의 사회적 욕구와 대화에서 원하는 바를 염두에 두고 대화 상대방이 당신에게 원하는 것들에 대해 적극적으로 생각해본다. 다른 사람들이 당신을 어떻게 대해줬으면 하는지를 생각한 후 당신과 함께한 다른 사람들이 편안함을 느끼려면 어떻게 해야 하는지 고민해보자.

이제 지구상의 거의 모든 사람이 똑같은 사회적 욕구를 갖고 있다는 사실을 깨달았을 것이다. 대화를 능숙하게 잘하는 사람이 되는 최고의 방법은 대화 상대방에게 단지 그들이 원하는 사회적 만족감을 주면 된다. 한마디로 그들이 원하는 것을 줘라!

기본적인 사회적 욕구가 우리 모두를 묶어주는 실이라면 앞으로 만나서 대화하게 될 각각의 사람에 대해 최소한 몇 가지의 사실을 당신은 이미 알고 시작하는 셈이다. 당신은 그들이 존중받고 싶어 한다는 것을 안다. 가치가 있다고 느끼고, 소속감을 느끼고 싶어 한다. 지금 알아야 할 것은 어떻게 그런 느낌을 그들에게 줄 수 있는가이다. 이 장의 첫 부분에서 내가 묘사한 사람을 머릿속에 다시 그려보자. 바로 사람들이 항상 주변에 머물기를 원하고, 누구나 대화하기를 원하는 그 사람이다. 그는 상대방을 존중한다. 스스로를 소중한 사람이라고 느끼게 만든다. 소속감을 느끼게 하고 자기 말이 무척 재미있고 흥미롭다고 생각하게 한다. 그것이 바로 그와 대화하는 사람들이 편안해하는 이유다.

지금까지 대화와 의사소통의 진면목이 무엇인지 그 민낯을 보았다. 대화를 통해 충족하고 싶은 기본 욕구들을 살펴보았다. 실제 대화하는 상황은 훨씬 더 복잡 미묘해 이처럼 단순화시켜 생각하는 것이 필요하다. 마음속에 이런 대화의 진면목을 새겨두면 어떤 상황의 대화에서든 불안하거나 소심해지지 않는다. 또한 대화의 목적이 분명할 때는 더 큰 효과를 발휘한다. 논쟁을 피하고 서로를 이해할 수 있게 돕는다.

읽어나가면서 이 개념을 기준점으로 생각해라. 사람들에 대한 이런 작은 진실을 알고 이해하면 대화를 훨씬 더 쉽게 배울 수 있기 때문에 이 지식을 여러분 마음속에 깊이 간직해야 한다. 사람들을 이해하면, 즉 추가적인 감정 지능을 개발했다면 그 누가 됐든 대화가 성공적으로 가능하다. 대화하는 중에 편안함을 느낄 수도 있고 이후에도 편안하고 긍정적인 마음을 가질 수 있다.

대화에서 얻고 싶은 진짜 욕망 10가지

사람들은 보편적으로 대화를 통해 원하는 바가 있다. 이를 알고 대화하는 것과 모르고 대화하는 것에는 많은 차이가 생긴다. 당신 주변에 사람들이 머물러 있게 하고 싶은가? 편안한 대화 상대가 되고 싶은가? 그렇다면 사람들이 대화에서 얻고 싶은 10가지를 명심하자. 대화가 좋지 않은 방향으로 흘러갈 때 분위기를 바꾸는 버튼 역할을 하기도 한다. 특히 말 건네기가 부담스러운 사람, 낯선 사람과 대화할 때 도움이 된다.

1. 자신이 중요하다는 느낌.

2. 소속감.

3. 긍정적 에너지.

4. 가치를 인정받기.

5. 기억되기

6. 자신의 이야기에 귀 기울이고 이해받기.

7. 존중받기.

8. 공감받기.

9. 흥미와 기쁨 느끼기.

10. 관심 있는 주제에 대해 이야기하기.

말문을 막는
심리적 장벽 부수기

살아오면서 사람들과 대화 나누는 것이 힘들었다면 의사소통
이 필요할 때 불안하고 부정적 감정에 휩싸일 가능성이 높다.
이는 이해할 수 있는 일이다. 그 이유는 대부분 자존감에 뿌리
를 두고 있다. 한편 인생의 후반부에 접어들어 사회적 대화 불
안을 갖게 되는 사람도 있다. 인생의 힘든 전환기를 맞았을 때
이런 일이 생긴다. 여러 가지 이유가 있는데, 우울증을 앓았거
나 실직, 이혼, 가족이나 친구의 죽음, 경제적 어려움 등 기본
적으로 우리 삶을 힘들게 하는 감정적 트라우마를 발생시키
는 일들이다.

　이런 사건들은 자신과 주변 세상을 바라보는 생각이나 감

정의 방식을 완전히 바꿔놓는다. 불안감이 상승하고 자존감이 낮아지며 사회적 만남이 필요한 자리에는 잘 가지 않게 되거나 참석하더라도 이질감을 느낀다. 이 부분에서 특히 사람들이 힘들어하는 몇 가지 일반적인 어려움이 있다.

인생 전체에 걸쳐 의사소통에 어려움을 겪었든 최근에 이런 불안감을 갖게 되었든 상관없이 특별히 대화를 불편하고 어렵게 하는 잠재된 불안이나 부정적 생각이 자리하고 있을 확률이 높다. 다른 사람과 대화할 때 어려움을 주는 가장 흔한 문제는 낮은 자존감과 부정적인 자기 신뢰감이다. 불행히도 이는 극복하기가 쉽지 않다. 당신이 이런 문제로 고통을 겪고 있다면 아마도 끊임없이 자신은 부족하다고 속삭이는 내면의 목소리가 들릴지도 모른다. 자신을 평가절하 하는 습관이 몸에 뱄을 수도 있다. 다른 사람들이 당신을 어떻게 평가하는지에 대한 피해망상이 있을 수도 있다. 이런 해로운 생각에 시달린다면 난감했던 순간이나 실수, 무례한 상황 등을 잊고 편안한 감정으로 돌아오는 것이 특히 힘이 든다.

예를 들어 상황에 맞지 않는 잘못된 발언을 했을 경우 자신을 심하게 자책한다. 마음속에서 이를 혹독한 경험으로 과장하고 부정적인 느낌으로 내면화한다. 이를 떨쳐버리고 다음 상황으로 나아가는 것이 아니라 머릿속에서 자꾸 재생시키면서 자책하는 심리 상태로 빠져든다. 이런 종류의 문제는 당신을 회피하는 성향으로 바꾼다. 상황을 정면으로 마주하기다는 언제 발생할지 모를 감정적 상처가 있을 만한 자리는 아예 피해버린다. 저녁에 외출하기보다는 집에 머무른다. 데이트 같은 것은 아예 생각지도 않는다. 대화에 대한 공포가 자신을 압박해 구직이나 승진 기회를 오히려 박차버리기도 한다. 문제는 사회적 상황이나 적극적인 대화를 피할수록 사정은 더욱 나빠진다는 것이다. 약속을 취소하고 집에 머무르기로 선택할 때마다 공포는 반복되고―공포는 이런 선택을 먹이 삼아 몸집을 자꾸 키운다―결국엔 자신을 더 궁지로 몰아넣는다.

조금씩 자기 신뢰감을 높이는 법

어떤 형태의 삶이든지 살면서 겪은 경험을 통해 다른 사람들 사이에서 자신을 어떻게 바라볼 것인지, 자신이 누구인지에 대한 생각을 만들어간다. 낮은 자존감은 자신을 비하하는 습관을 갖게 한다. 자신이 보잘것없으며 자격이 없다고 생각한다면 사람들과 대화할 때 불안해지는 것은 당연하다. 앞에서도 언급했듯이 낮은 자존감을 극복하는 것은 가능한 일이지만 굳은 결심과 많은 연습이 필요하다. 안타깝게도 이런 종류의 문제에는 효과가 빨리 나타나는 응급처치법이 없다. 하지만 자기 신뢰감을 조금씩 꾸준하게 높이기 위해 날마다 할 수 있는 것들이 있다.

날마다 자신에게 친절해라

가능한 한 자주 자신에게 멋진 무언가를 선사해라. 이상적으로는 하루에 1회 이상이 좋다. 나는 그럴만한 자격이 있다고 매번 자신에게 말한다. 자신에게 선물을 하든지, 편안한 목욕이나 햇빛 좋은 날에 산책을 하는 것도 좋다. 자신을 위해 별도의 시간을 내어 한다는 점이 중요하다. 이런 소소한 일들이 별 소용없어 보이고 때때로 바보같이 느껴질 수도 있지만 더 자주 할수록, 더 적극적으로 자신을 존중과 사랑으로 대할수록, 자존감은 자연스럽게 더 올라간다.

내면의 목소리에 귀를 기울여라

자신에게 불친절하거나 불공평해지는 순간을 찾아낸다. 삶 속에서 자신의 발목을 잡는 생각 패턴을 찾아내려고 노력한다. 사람들과 대화가 필요한 순간이나 사회적 상황을 피하려고 한다면 내면에서 어떤 감정이 원인인지 생각해본다. 자신과 부정적으로 대화하는 것은 어떤 식으로든 도움이 되지 않는다. 오직 불안과 자신이 부적격자라는 감정만 든다. 자신이 원하는 삶과 모습이 되는 것을 어렵게 할 뿐이다.

　자존감이 낮으면 위험 부담을 피하려고 해 꿈을 이룰 수 없다. 아무것도 하지 않으면 아무 일도 일어나지 않는다. 어떤 것을 시도한다는 건 일정 정도 위험 부담이 있게 마련이다. 당신의 내면에서 다음과 같은 소리가 들린다면, "그 일에 도전하기에 나는 아직 부족해", "아무도 나를 좋아하지 않을 거야", "다른 사람들만큼 나는 절대 가질 수 없어" 혹은 다른 형태의 어떤 부정적 주문이든지, 절대 반복하지 않겠다는 굳은 결심을 해라! 연달아 떠오르는 이런 부정적 생각을 멈추기 위해서는 훈련이 필요하다. 시간이 걸리겠지만 하등 도움이 되지 않는 부정적 생각을 차츰 줄이려고 노력한다는 것이 중요하다. 시간이 지날수록 자신에 대한 느낌이 좋아진다. 조금씩 자아 존중감이 나아질 것이다.

흔히 겪는 불안과 걱정, 공황장애 극복하는 법

사람들이 타인과 대화할 때 겪는 또 다른 흔한 어려움은 불안과 걱정이다. 불안감이 갑자기 몰려오면 대화 현장이 무서워지겠지만 이는 생각보다 극복하기 쉽다. 공황 장애를 이겨내는 방법은 많다. 명상과 마음챙김 수련에 참여하거나 인지행동 치료 전문가와 상담할 수도 있다. 그러나 모든 사람이 공황을 이겨내는 방법을 배우기 위해 전문가와 상담할 필요는 없다. 공황의 실체가 무엇인지를 이해하는 것이 시작이다. 아는 것이 힘이다.

일단 공황 상태에 들어가면 우리 몸은 "싸움 아니면 도망 Fight or Flight Response" 모드로 들어간다. 급성 스트레스에 대한 인간의 본능이자 가장 유익한 신체 반응이기도 하다. 이 상태에서 위험한 상황으로부터 자신을 지키기 위해 아드레날린이 급속도로 분비된다. 심장 박동이 빨라지고 땀이 나고 신체가 떨린다. 열이 나거나 속이 불편해질 수도 있다. 조명이 너무 밝게 느껴지고 혼란스런 감정이 생긴다. 가장 흔하게는 현재의 상황에서 도망치고 싶은 욕구가 강하게 올라온다. 이 모든 일은 그저 화학 작용에 따른 반응이다.

문제는 불필요할 때 우리 신체가 싸움 아니면 도망 모드로 들어갈 때 발생한다. 위험하다고 인식할 만한 상황이 아닌 데도 우리 몸이 어떤 이유로 위험하다고 인식하는 경우가 있다. 예를 들어 버스 안이나 바쁜 가게 안에서 공황 장애를 겪기도 한다. 불안감이 상승하고 몸이 아드레날린에 반응하면서 이는 다시 감정에 영향을 미친다. 우리 몸은 신체 변화들을 정신적으로 탐지하는 정밀 탐지기가 된다. 이런 반응에 집중하고 재앙 같은 생각에 온몸을 맡긴다. "심장마비가 올 거야", "숨 쉴 수가 없어", "기절하거나 토할 거야". 이런 극단적인 생각은 실현될 가능성이 전혀 없다. 그보다는 불안과 공포만 키울 뿐이다.

　공황 느낌을 물리치는 가장 핵심적 방법은 정밀 탐지기가 되지 않는 법을 배우는 것이다. 몸에서 이런 변화가 느껴질 때 자신에게 이는 그저 화학 반응일 뿐이라고 말한다. 이런 변화는 실제 자기 생각과 신체 사이의 오해, 그 이상의 아무것도 아니다. 마침내 이런 신체 변화를 두려워하지 않게 되었을 때 공황 증상의 정도와 지속시간을 줄일 수 있게 된다. 스스로 자신의 몸과 마음을 통제할 수 있다는 사실을 깨달아라.

　공포를 제어할 수 있는 효과가 대단한 또 하나의 기술은 증거를 찾는 것이다. 예를 들어 버스에 타고 있을 때 공포가 느껴지면 다음과 같은 몇 가지 질문을 자신에게 던져라. "전에도 이런 느낌이 있었는가? 내가 죽었는가? 문제가 될 만한 상황이 발생했는가? 생존했는가?"

대부분 전에도 같은 경험을 했다는 것을 인식할 수 있고 또 살아남았다는 것을 알게 된다. 전에도 자주 이런 느낌이 있었고 무척 불쾌한 경험이긴 하지만 이는 심각한 건강상의 문제를 예고하는 징후도 아니고 결국엔 지나간다는 것에 주목한다. 이를 더 자주 생각할수록 대부분의 이런 상황에 실제로 겁먹을 이유가 하나도 없다는 사실을 더 잘 인식할 수 있다. 또한 "현재 상황에서 일어날 수 있는 가장 나쁜 일이 뭐야?"라고 스스로에게 질문을 던지는 것도 도움이 된다.

다시 버스로 되돌아가보자. 일어날 수 있는 가장 나쁜 일은 무엇인가? 정류장을 잘못 내려 전체 여정이 꼬일 수 있다. 최악을 가정하면(현실적으로는 굉장히 드문 경우지만) 아플 수도 있다. 그럼 무슨 일이 일어났는가? 사람들이 비난하고 조롱하는가? 그들이 실제로 관심을 보이고 도움을 줄 것인가? 이와 같은 질문을 자신에게 던짐으로써 차분하고 논리적인 사고로 자신의 공포와 싸울 수 있다. 이 사고법은 어지러운 생각의 방향을 바꾸고 신체에 여기 아무런 위험이 없다고 말해준다. 몸은 아드레날린이 필요한 상황이 아니라는 것을 알게 된다.

마지막으로 공황발작을 일으킬 만한 상황을 미리 피하는 습관이 있는지 확인한다. 많은 환경에서 사람들이 실제로 무서워하는 것은 공포 그 자체다. 두려움에 대한 두려움이다. 회피가 좋은 영향을 미치는 경우는 거의 없다. 유일한 결과는 걱정을 강화해서 실제로는 무해한 상황에 더욱더 큰 불안감을 갖게 할 뿐이다. 공황발작의 원인이 사회적 불안이라면 사회적 상황을 회피하는 것은 상황을 악화할 뿐이다.

실제 낯선 곳에 처음 도착했을 때 약간 불안하고 신경이 쓰이지만 다음과 같은 사항을 기억하면 좋다. 1) 도착했을 때는 불안감이 상당히 강할 수도 있지만 그 상황에 머무는 시간이 길어질수록 점차 불안감의 크기도 작아질 것이다. 2) 같은 공간에 있는 다른 사람들도 똑같은 감정을 느낄 것이다. 스스로에게 나는 공황발작을 이겨낼 수 있는 강한 사람이라고 말해라. 자신은 그런 불쾌한 감정에서 자유로워질 자격이 충분하다. 불안에 잠식당하지 마라.

수줍음과 두려움은 작은 허들일 뿐

사회적 상황에서 만날 수 있는 다른 장애물은 수줍음과 당황스런 처지에 빠질 수도 있다는 두려움이다. 많은 사람이 천성적으로 수줍음이 많을 수 있고 이는 매우 자연스런 일이다. 모두가 외향적일 수는 없다. 수줍음이 문제가 되는 상황은 앞으로 밀고 나가야 하는 곳에서 뒤로 물러설 때다. 예를 들어 정말로 승진을 원한다면 너무 부끄러워하거나 부드러운 어조는 더욱 자신감 있는 후보에게 경쟁에서 밀려난다는 것을 의미한다. 하지만 세상에는 자신이 원하는 성취를 이뤄낸 내향적인 사람들이 많다. 필요한 곳에서 용기를 발휘할 수 있도록 자신을 격려하는 것은 매우 중요하다. 경쟁자보다 말수가 적을 수도 있고 모임이나 회의에서 주인공이 되고 싶지 않을 수도 있지만 전진할 수 있는 지식과 기술이 있다면 용기를 내지 않을 이유가 없다. 인생에서 몇 가지 일들은 누구에게나 쉽지 않다.

구직 면접, 대중 연설, 데이트와 같은 일들은 그 누구에게나 부담스런 일이다. 수줍음이 회피나 낮은 자존감으로 이어지지 않게 한다. 수줍다는 것이 자신의 능력을 떨어뜨리거나 삶에서 원하는 것들을 누릴 자격이 없다는 것을 의미하지 않는다. 타인에 비해 자신이 열등하다는 의미도 아니다. 하등 상관이 없다. 부끄러움은 그저 하나의 작은 허들, 그 이상의 아무것도 아니다. 그리고 우리 모두는 삶에서 넘어야 할 각자의 허들 하나쯤은 가지고 산다.

누구나 난처한 상황이나 그런 상황을 만날지도 모른다는 두려움을 갖고 있다. 모두가 때때로 이런 두려움을 갖는다는 사실을 아는 것이 중요하다. 실제 난처한 행동을 하거나 당황스런 말을 했을 때 대개 주변 사람들은 이를 인식하지도 못하고 넘어간다. 자신만 알 뿐이다. 대부분 사람들은 타인이 한 말의 어색함보다는 자기가 한 말에 뭔가 문제가 있지는 않은지 더 신경 쓰기 때문이다.

당황스러움은 우리 삶에서 나쁘게 작용할 때가 많다. 위험 부담을 피하게 하고 자존감을 고갈시킨다. 거의 모든 사람이 당황스런 순간을 머릿속에 반복해서 떠올리며 그 속에 빠져드는 경향이 있다. 과거에서 기어 나와 우리를 잠식하는 유령과도 같다. 과거의 바보 같은 말이나 행동을 떠올리며 가장 자신감을 가져야 할 때 스트레스와 불안감을 가중한다. 때로는 새로운 상황이 과거의 당혹스러웠던 순간을 떠올리게 한다.

기분이 좋지 않을 때 스스로를 비하하는 방법이면서 매우 해롭고 비생산적인 습관이다.

과거의 난처했던 상황은 과거로 남겨놓는 것이 제일 좋다. 현재나 미래에 어떤 도움도 주지 않는다. 과거의 실수에 대해서 자신을 용서하고 앞으로 나아가라. 난처한 상황에 대한 공포에 대해서도 떨쳐버리려 최선을 다해라. 과거를 떠올리거나 예측할 수 없는 미래 상황을 꾸며내어 자신을 압박하기보다는 그저 현실에 충실해라. 난처함과 그에 대한 걱정은 자신의 시간과 에너지를 소비할 뿐이다. 난처함은 인간이라는 존재의 한 부분이다. 좋은 기분은 아니지만 그렇다고 세상이 끝나는 것도 아니다. 난처한 순간에도 스스로를 편하게 대해라. 한번 웃음 짓고 떠나보내라.

자신을 좋은 친구처럼 대해라

일반적으로 힘든 감정과 생각에 대처할 때 자신을 친절하게 대하는 것이 중요하다. 자신을 비하하거나 개인적인 장애로 자신을 공격하는 것은 매우 해로운 습관이다. 모든 사람에게 약점이 있고 조금씩 불안을 느끼며 살아간다. 당신이 스스로를 지나치게 엄격한 잣대로 대한다면 자신을 친구처럼 대함으로써 그 습관을 고칠 수 있다. 친구가 조언을 구하거나 힘들어서 기대어 울 어깨를 원한다면 그들의 약점을 공격하며 비하할 것인가? 아마도 그러지는 않을 것이다. 귀 기울여 친구의 이야기를 들어주고 격려의 말을 건넬 것이다. 바로 이것이 자기 자신을 대하는 방식이어야 한다.

사회적 상황에서 과도한 불안감을 피하려고 지나치게 자기 자신이나 실패의 가능성에 집중하지 않는다. 부정적 감정이나 생각 때문에 대화에 끼어들기가 힘들다면 자신의 불안에 신경 쓰기보다 대화를 하는 상대에게 집중하려고 노력해라. 그 상황에서 상대방은 어떤 감정을 느낄지에 대한 궁금증을 키운다. 사람들이 겉으로는 자신감 있어 보일 때도 내면은 불안으로 가득 차 있을지도 모른다. 자신의 생각이 나쁜 쪽으로 질주해 간다면 사람들에게 질문을 던지고 다른 이들의 말에 진정으로 귀를 기울인다. 이를 통해 자신의 불안감보다는 대화에 더 집중할 수 있다.

어색한 대화는 나쁜 결과만 남긴다. 대화를 부드럽고 편안하게 하려면 균형감을 갖는 것이 중요하다. 가벼운 마음으로 사람들과 함께하는 상황을 즐기려고 노력한다. 부정적 감정에 굴복하거나 당황스런 말을 했다 하더라도 자신을 용서하고 괜찮다고 다독인다. 물론 머릿속에서 지워버리는 것이 쉽지는 않다. 초조하고 불편해하는 자신을 더 괴롭히지 말고 좋은 친구가 되려고 노력해라.

각자가 적당한 양의 말을 주고받는다

앞서 말했듯 사람은 다른 사람과 대화할 때 자신의 사회적 욕구를 충족시켜주는 사람을 좋아한다. 그렇다고 모든 대화 시간을 상대의 만족감과 소속감을 채우는 데만 신경 쓰라는 것은 아니다. 그럴 경우 상대는 기쁠지 몰라도 당신은 전혀 즐겁지 않다. 다만 이 사실을 깊이 인식한다면 더 성공적으로 대화할 수 있다. 상대방의 사회적 욕구를 만족시킬 때 당신도 상응한 만족감을 얻을 가능성이 높기 때문이다. 삶 속의 많은 일들은 주고받는 것이다. 특히 다른 사람과의 관계에서는 더욱 그렇다. 이것은 기본적인 대화와 매우 즐겁고 생산적인 대화를 나누는 차이이기도 하다. 상대의 기본적인 심리적 욕구를 생각해보면 두렵고 어려운 대화 자리도 냉정하게 임할 수 있다.

일반적으로 대화와 관계는 균형감이 있을 때, 즉 대화 주체들이 각자 동일한 양으로 말을 주고받을 때 가장 성공적이다. 대화는 즐거워야 하고 충분히 즐거울 수 있다. 힘이 들고 스트레스 받는 자리가 되어서는 안 된다. 당신과 대화하는 사람들이 인생 최고의 시간을 보내는지 확인하려 갖은 애를 쓸 필요는 없다. 특히 당신이 힘든 시간을 보내고 있다면 말이다! 사람들과 부딪히는 여러 대화 상황에서 당신을 힘들게 하는 사람을 기쁘게 해줄 의무는 없다.

하지만 동시에 이런 기본적 인간 심리를 이해하는 것은 사람들을 내 편으로 만드는 가장 좋은 방법이다. 사람들이 내 주변에서 기분이 좋아지면 더 많은 시간을 같이 보내려 한다. 당신과 함께 있을 때 더 높은 평가를 받는다고 느끼면 마찬가지로 당신도 더 높은 평가를 받는다. 대화가 잘 진행되지 않을 때 상대방에게 존중감과 소속감을 느끼게 하는 것은 분위기를 다시 "리셋"하는 좋은 방법이기도 하다. 단지 주제에 대해 다시 잘 설명해달라고 부탁하는 것만으로도 상대방의 말에 관심이 있다는 것을 보여줄 수 있고, 상대방은 당신에게 더 좋은 느낌을 갖는다.

대화할 때 50 대 50의 균형을 갖추는 것은 기본 중의 기본이다. 이 말이 대화의 각 주체가 동일한 양을 이야기해야 된다는 정량적 의미만은 아니다. 각자가 자신의 발언이 경청되고 적절하고 가치가 있다는 느낌을 가질 수 있는 기회를 가져야 한다는 것 또한 포함된다. 하지만 50 대 50의 대화는 여기서 그치지 않는다. 이를 감정적 차원에서 생각해보길 바란다. 세상에는 말을 건네기가 힘들고 감정 소모를 하게 하는 사람들이 있다. 이런 까다로운 사람들과 대화하면 감정적으로 지치고 고갈된다. 건강한 대화는 각 주체가 진행되는 이야기 속에서 에너지가 유지되거나 상승하는 느낌을 가질 수 있어야 한다.

감정적 균형감

누군가와 대화할 때 감정적으로 몹시 지친다면 앞으로 그 사람과 대화하고 싶지 않을 것이다. 반대로 다른 사람이 당신에게 비슷한 느낌을 갖는다면 상대방이 지치지 않도록 대화 방식을 고칠 수 있다. 말을 할 때 다른 사람들에게 어떤 영향을 주는지 잘 관찰해본다. 말하는 주제에 대해 상대방이 지루해하거나 힘들어하고 또 부정적인 영향을 받는 것 같다면 대화의 분위기를 바꾸려고 노력한다.

얼굴 표정이나 몸짓의 미세한 변화에 주목해라. 상대방이 한동안 아무런 말이 없다면 이는 당신의 말에 집중하지 못한다는 징표다. 몸을 꼼지락거리거나 얼굴이나 머리, 목덜미를 쓰다듬고 자꾸 주위를 둘러보기 시작한다면 대체로 불편하다는 표시다. 상대방의 몸이 당신으로부터 다른 방향을 향하거나 기울이고 있다면 대화가 즐겁지 않다는 의미다. 한쪽만 신나게 자기 이야기를 하거나 주장을 늘어놓는다면 감정적으로 균형이 깨진다.

누군가 대화를 마치고 난 후 즐거운 감정이 들면 당신을 긍정적으로 기억한다. 이는 그 사람과 함께하는 앞으로의 시간에 더 많은 긍정적 경험으로 이어진다. 이는 다른 사람과 만날 때도 더 자신감 있게 대화할 수 있도록 돕는다. 누군가와 대화를 하고 난 후에 그 시간에 대해 생각하는 시간을 가지면 좋다. 무엇이 잘됐고, 무엇이 그렇지 못했는지를 생각한다.

• 즐거운 시간이었는가?

- 다른 사람들도 즐거운 시간을 보냈는가?
- 상대방이 뜨거운 관심을 보이는 특정 주제가 있었는가?
- 상대방을 불편하게 하는 주제가 있었는가?
- 상대방은 다음에 다시 당신과의 대화를 원할까?
- 상대방과 다시 대화하고 싶은가?
- 왜 그런가 또는 왜 그렇지 않은가?

우리는 경험을 통해 뭔가를 배운다. 시간을 내어 이런 질문을 스스로에게 던지며 생각해보면 대화를 잘하는 방법을 절로 깨칠 수 있다. 상대방에게 자신이 어떻게 받아들여지는지도 잘 인식할 수 있다. 가장 중요하게는 미래에 더 성공적인 대화를 위해 당신의 대화 기술을 완성할 수 있다.

이것만 주의해도
대화가 달라진다!

세월을 거치면서 대화할 때 바람직하지 않은 기질이나 나쁜 습관이 몸에 밴다. 이런 요소들 때문에 점차 사람들이 가까이 하기 꺼려하고 괴롭고 불편해한다. 덩달아 자신도 대화하기를 머뭇거리며 주저한다. 사람들 사이에 있을 때 필요 이상으로 불안해한다. 아래의 목록을 읽어보고 대화에 부정적 영향을 미치는 행동 패턴이 당신에게도 있는지 살펴본다. 우리는 다른 사람들이 원하는 사회적 욕구를 만족시키는 방법에 대해 배웠다. 나쁜 습관과 의사소통의 어려움 사이에서 연관성을 발견하기 위해 모든 측면에서 이 점을 고려해라.

겸손은 언제나 옳다

성공적이고 품격 있는 대화를 하려면 무엇보다 다른 사람의 생각과 의견에 유연하고 열린 마음을 가져야 한다. 거만하고 시끄러운 목소리로 자기 의견만 강요하면 사람들은 불편해하고 짜증이 나며 화를 낸다. 앞에서 자기 방식을 너무 고집할 때 대화에 방해가 된다고 했다. 모든 것을 아는 체하는 자세는 누구나 쉽게 빠지는 함정이다. 사람들은 자신이 완벽하다고 생각하고 행동하는 사람보다는 어느 정도 약한 면을 보여주는 사람에게 더 호감을 느낀다. 겸손한 자세는 성공적인 대화를 위해 특히 더 중요하다.

대화를 50 대 50의 경험이라고 생각한다. 모든 사람은 각자 말할 기회를 가져야 하고 또 모든 사람은 다른 사람들이 말할 때 집중해서 들어야 한다. 우리가 대화하는 이유는 세속적 성공에 있지 않다. 이야기를 듣고 공감하기 위해서다. 다른 사람들에게 말할 때 상대방에게도 자신의 의견과 믿음을 표현할 수 있는 여지를 남겨줘야 한다. 그리고 상대방의 말에 동의하는지와 관계없이 그들을 존중한다. 지구상의 모든 사람이 100퍼센트 여러분의 의견에 동의할 거라고 지레 넘겨짚지 마라!

당신이 대화할 때 상대방이 어떻게 반응하고 응답하는지를 살펴보면 이런 문제를 쉽게 찾아낼 수 있다. 침묵하는 시간이 길고, 초조한 듯 방 안을 둘러보기만 한다면 무언가 잘못되고 있다는 징조다. 또 분위기가 과열되거나 공격적인 양상을 보여도 무언가 잘못된 것이다. 대화의 상대방이 말할 기회를 얻지 못한다면 이 또한 무언가 잘못된 것이다.

대화에 유연하지 못한 사람들이 있다. 유연하지 못한 자세는 단지 대화의 상대방을 화나게 하는 데 그치지 않는다. 자기 자신도 좌절하고 괴로워할 가능성이 높다. 사람들은 항상 자신과 다른 다양한 의견을 갖고 있게 마련이다. 견해차가 있다고 해서 다른 사람들을 비하하거나 등급을 매기는 행위는 어떤 긍정적인 결론도 이끌어내지 못한다. 그렇다고 그저 앉아서 상대방의 의견에 동의만 하라는 이야기는 절대 아니다. 그렇게 행동하면 대화는 무척 지리멸렬해지고 누구보다 자신이 답답해진다. 다른 사람들이 당신의 의견에 가치를 부여하듯이 당신도 상대방의 의견을 존중하라는 뜻이다.

각자가 갖고 있는 주관적인 생각을 존중하면 대화는 매우 긍정적이고 지적으로 자극적인 경험이 될 수 있다. 하지만 당신이 특별히 다른 사람의 의견을 듣기 힘들어하는 주제가 있다면 이런 대화는 피하는 것이 최선일 것이다. 당신이 생각하기에 논쟁거리가 될 만한 주제를 상대방이 제기한다면 다른 주제로 넘어가자고 공손하게 제안하는 것은 썩 괜찮은 방법이다.

대화의 기본은 50 대 50

대화 자리에서 끊임없이 자신에 대한 이야기만 하다 보면 분위기는 이내 지루해지고 사람들은 눈살을 찌푸린다. 혼자만 떠드는 습관은 특히 매우 조심해야 한다. 대화의 기본 규칙은 50 대 50이다. 관련된 주제로 서로를 존중하며 50 대 50 비율을 지키면서 자신의 성취와 자신에 대해 이야기하는 것은 아무런 문제가 없다. 누군가 당신에 대해 질문을 한다면 그에 맞춰 응답하는 것은 절대적으로 괜찮다. 말할 때마다 자기 이야기를 하는 것이 문제가 아니다. 그보다는 다른 모든 것에 우선해서 자신에 대해서만 말을 할 때 문제가 생긴다.

예를 들어 만약 당신에게 관심을 돌리기 위해 말을 할 때마다 주제를 바꾼다면 상대방은 시간이 얼마 지나지 않아 당혹스러워할 가능성이 높다. 대부분의 사람들이 자신과 자신의 성취에 대해 이야기하는 것을 좋아한다. 그래서 균형감 있게 서로에 대해 이야기를 교환하는 것이 중요하다. 대화는 모든 이가 발언할 기회를 갖는 광장이 되어야 한다. 지나치게 뻐기거나 불평하면 사람들은 말 걸고 싶어 하지 않는다. 사람들의 말을 끊거나 대화를 자신을 향해 조정하려는 시도는 그저 무례해 보일 뿐이다.

그렇다고 마냥 말할 차례를 기다리지는 않는다. 이런 자세는 당신이 말하는 주제에만 관심이 있다고 상대방에게 표현하는 것과 같다. 사람들은 상대방이 자신의 말에 귀를 기울이지 않고 관심 없어 한다는 것을 금세 알아챈다. 만약 당신이 하품을 하며 연신 주변을 둘러보다가 다른 사람의 말이 끝나기가 무섭게 관련도 없는 자신의 이야기를 꺼낸다면 다른 사람의 이야기에 전혀 관심이 없었다는 사실을 확실하게 보여주는 셈이다. 다른 사람의 말을 끊는 것은 잘 듣고 있지 않다는 것을 보여주고 이로 인해 말이 끊긴 당사자는 자신이 존중받지 못한다고 느낀다. 무례하게 굴지 마라. 이것은 상식이다. 듣는 것이 먼저고, 말하는 것은 나중이다.

엉뚱한 이야기는 화를 부른다

불필요하게 설명적이거나 화가 나는 주제 또는 자리에 어울리지 않는 부적절한 화제를 꺼내놓는 것은 사람들을 매우 불편하게 한다. 긴장감을 주거나 불편을 초래할 수 있는 주제는 피한다. 부적절한 주제에 따른 대화 내용은 화를 불러일으킬 수 있을 뿐만 아니라 상대방에게 원치 않는 내용의 이야기를 하도록 강요할 수 있다. 이는 대화 시간 전체를 통해 염두에 둬야 할 사항이다. 특히 어색한 침묵이 이어질 때 도움이 된다. 대화가 끊겼을 때 불안감이 올라온다면 머릿속에 떠오르는 생각을 두서없이 마구 내뱉을 수 있다. 그러다 보면 해서는 안 될 이야기를 꺼내놓는 결과로 이어질 수 있다. 침묵이 버거워 다음에 무슨 말을 해야 할지 허둥대는 자신이 느껴진다면 반드시 말하기 전에 생각부터 한다.

어디서 누구와 대화하는지를 생각해라. 예를 들어 직장의 공식적인 미팅 자리라면 섹스나 죽음과 관련된 이야기로 분위기를 띄우려는 시도는 하지 마라. 만약 저녁 식사를 하는 데이트 자리라면 상대방을 불안하게 하거나 식욕이 떨어질 만한 화제는 피해라. 또한 개인적이거나 사적인 질문을 던져서 상대방을 난처하게 하지 않도록 조심한다. 일반적으로 상대방의 재정 문제에 대해서 질문하는 것은 금기다. 상대방이 먼저 이야기를 꺼낼 때가 그런 이야기를 할 수 있는 타이밍이다. 누군가와 특별히 친밀하지 않다면 사적인 질병 문제나 애정 관계에 대해서 질문하는 것도 좋지 않다.

같은 맥락으로 현재 대화 상황과 완전히 관련 없는 주제를 선택하지 않도록 주의한다. 당신이 직장에서 공식적인 회의에 있다고 가정해보자. 모든 사람이 현재 작업과 관련된 문제에 집중하고 있다. 아마도 이럴 때 당신이 최근 구입한 새 차나 스포츠에 대해 이야기를 꺼내는 것은 좋은 생각이 아니다. 그 주제가 편안하고 열린 마음으로 받아들여질 거라는 확신이 없다면 현재 상황과 관련이 있는 화제로 가볍게 대화를 시작한다.

거짓말은 상황을 악화한다

사람들과 대화할 때 정직은 최선의 방책이다. 이론의 여지는 없다. 특히 새로운 관계나 우정, 또는 커리어를 개척하려 한다면 이를 명심해야 한다. 속임수는 새로운 관계의 밑바닥에 험난한 암초를 만들고 이는 결국 심각한 문제를 야기할 수 있다(대체로 심각한 문제를 일으킨다). 열등감을 느끼는 자리나 불편한 상황에서 거짓말을 하는 사람이 세상에는 많다. 일부 사람들은 전혀 절제하지 못한다. 그들은 여기저기서 사실을 과장하고 부풀린다. 타인의 이야기에 전혀 아는 바가 없는데도 아는 체하기 바쁘고, 완전히 날조된 거짓말을 하기도 한다. 당신에게 이런 습관이 있다면 지금 당장 멈추는 것이 최선이다. 더 빨리 멈출수록 상황은 더 나아진다. 당신이 한 번도 경험해본 적 없는 것에 대해 누군가 이야기한다면 아는 체하기보다는 더 많은 이야기를 듣고 싶다고 질문하는 것이 최선의 자세다.

자기 자신과 경험에 솔직해질수록 대화를 잘할 수 있는 중요한 두 가지 자질을 갖게 된다. 1) 상처받지 않을까 더 이상 두려워하지 않는다. 2) 상대방이 하는 이야기에 진정한 흥미를 느낀다.

상대방이 이야기하는 주제에 질문을 하면 그는 자신이 쓸모가 있고 중요하게 여겨진다는 느낌을 받는다. 이를 통해 그의 사회적 욕구를 만족시켜줄 수 있다. 결과적으로 이런 식의 대화는 양쪽 모두에게 도움을 준다. 상대방도 스스로에 대해 좋은 느낌을 갖게 되고 당신 또한 새로운 것을 배울 수 있기 때문이다. 믿기 어려울지 모르겠지만 대부분의 사람들은 모든 것을 아는 것처럼 보이는 사람보다는 자신의 한계를 인정하는 데 주저함이 없는 사람과 대화하는 것을 더 선호한다. 게다가 정직한 자세는 50 대 50 비율의 균형 잡힌 대화로 이어질 수 있는 확률을 높인다. 이런 대화를 통해 형성된 관계는 미래에도 긍정적으로 유지된다.

다음에 무슨 말을 할지 걱정하지 않는다

누군가 불안하고 신경질이 나 있다면 대개는 얼굴 표정에 드러난다. 그들은 조바심을 내고 눈을 마주치지 않는다. 이야기에 관심을 보이지 않고 딴생각을 하는 듯이 보인다. 대개는 자리가 불편하기 때문에 대화에 전혀 집중하지 못하기 때문이다. 대신 다음에 무슨 말을 할지 또는 대화를 어느 방향으로 끌고 갈지를 고민한다. 이런 생각의 순환 고리에 빠져들면 불안감의 원인이 되고 스트레스 지수는 올라간다.

일단 불안해지기 시작하면 상대방 말이 한마디도 들어오지 않는다. 여기서 대화의 공이 자신에게 넘어오면 중요한 말을 놓치거나 상대방의 기분을 상하게 하고 또는 상대방을 혼란스럽게 할 수 있다. 초조해하거나 조급할 필요 없다. 숨 쉴 만한 여유를 갖는 것은 아무런 문제가 되지 않는다. 다른 사람의 말이 끝나자마자 즉시 응답할 필요는 없다는 사실을 기억해라. 편안하게 호흡하며 이완된 자세로 대화하면 상대방에게도 편안함을 줄 수 있다.

다음에 무슨 말을 할지 고민하는 것이 습관이 되었다면 이를 떨쳐버리기가 쉽지 않다. 가장 좋은 방법은 상대의 말에 집중하고 경청하려고 노력하는 것이다. 상대의 말에 몰입하면 대화의 공이 자기에게 넘어왔을 때 무슨 말을 해야 할지 저절로 알게 된다. 혹 어떤 이유로든 다음 말이 떠오르지 않더라도 아무런 문제가 되지 않는다. 다음과 같이 말하면 된다. "이런, 무슨 말을 해야 할지 모르겠네!" 또는 상대방의 말에 대해 바로 질문으로 넘어간다. 그 문제에 대해 더 자세히 알아보기 위해 질문하거나 상대방이 어떤 느낌이 들었는지 물어본다. 그 속에서 당신의 관심을 불러일으키는 세부적인 무언가가 있다면 그에 대해 더 많은 것을 이야기해달라고 요청한다.

일반적으로 사람은 자기 자신과 자신의 관심사에 대해 이야기하는 것을 좋아한다. 질문이 관련이 있고 적절하며 진심이 들어 있는 이상 잘못될 이유가 하나도 없다. 우연히 상대방의 발언 중에 딴생각을 하게 됐다면 이를 인정하고 다시 한 번 말해달라고 요청한다. 이는 아무런 문제가 되지 않는다. 명심해라. 대화를 잘하는 사람이 된다는 것이 로봇이 된다는 의미는 아니다. 당신도 단점이 있고 상처받을 수 있다. 오히려 이런 면들이 사람들에게 더 호감을 준다.

대화 내용을 과하게 준비하지 마라

약속이 잡히는 순간부터 대화 준비를 하는 사람도 있다. 대화 준비를 많이 한다는 것은 무슨 말을 해야 할지에 대한 걱정을 덜기 위해서이지만 이는 문제가 있는 습관이다. 다가오는 대화를 준비하는 데 많은 시간을 들이는 것은 여러 가지 측면에서 부작용이 있다. 무엇보다 대화를 하기 전에 무슨 말을 할지 많이 고민할수록 실제 대화 현장에서 더 불안해진다. 자기 자신에게 불필요한 부담감을 준다.

어느 정도까지는 준비된 자세가 당연히 필요하고 도움도 된다. 예를 들어 구직 면접이 다가온다면 당연히 예상 질문에 대한 답변을 준비하는 것이 좋다. 새로운 누군가를 만나고 그에 대해 아는 바가 별로 없다면 분위기가 서먹해질 수 있다. 어색한 분위기를 깰 수 있는 몇 가지 질문을 준비하는 것도 좋다. 하지만 대화를 준비한다는 것과 자신을 불안 속으로 몰고 들어가는 것에는 분명히 경계선이 있다. 과하게 준비하면 대화가 예상과 다른 방향으로 흘러갈 때 어찌할 바를 모르게 된다. 이는 마치 벼락치기 시험 공부를 했는데 공부한 부분에서 문제가 하나도 나오지 않은 상황과 같다.

새로운 경험에 도전하기 전에 자신에 대한 믿음을 가져라. 대사를 암기하기보다는 대화를 듣고 참여해라. 편안하게 호흡하는 것을 잊지 마라. 친한 사이라면 당신이 약간 불안하다고 인정하는 편도 괜찮다. 대화 도중에 불안해지기 시작한다면 질문을 던지고 그에 대한 답을 듣는 데 집중하면서 불안을 가라앉히고 집중력을 되찾는다. 여기서 반드시 기억해야 할 점은 대화를 준비하는 데 너무 많은 시간을 들이는 것은 오히려 상황을 더 어렵게 만드는 길이라는 사실이다.

대화는 대중 연설과는 다르다. 길은 여러 갈래로 나 있다!

부담을 가질 필요도 없고 연기를 할 필요도 없다. 대화가 당신을 새롭고 흥미로운 영역으로 끌고 갈 수 있다는 사실을 받아들여라. 불가측성을 즐겨라. 그리고 다른 사람들 또한 한 배를 타고 있다는 사실을 항상 기억해라.

상대방을 판단하지 마라

사람을 평가하는 것은 부정적이고 공격적인 습관이다. 대화와 관계 측면에서 아무런 도움이 되지 않는다. 대화가 부드럽게 흘러가려면 모든 당사자가 존중받고 안전하다는 느낌을 받아야 한다. 사람을 평가하고 비난하면 분위기는 불편해지고 방어적으로 변한다. 이런 분위기는 대화가 싸움으로 치닫거나 이어지지 않고 결국 완전히 멈추게 된다. 서로를 존중하는 토론과 말싸움은 분명 다르다는 사실을 명심한다. 사람들이 편안한 자기 모습을 유지할 수 있게 숨 쉴 수 있는 여유가 있어야 한다. 상대의 의견을 존중한다는 것이 반드시 동의를 의미하지는 않는다. 단지 당신이 상대의 경험을 공정하고 공감하는 자세로 들으려는, 마음이 열린 사람이라는 의미다.

때때로 일이 흘러가는 대로 내버려두는 것이 더 나을 때도 있다. 누군가 입은 옷이 보기 좋지 않을 때 꼭 이를 말해줘야 할까? 누군가 직장에서의 일처리에 대해 이야기를 했는데 당신이라면 다르게 처리했을 것이라 이야기한다면 이는 그 사람을 돕기 위해서인가 아니면 그저 그 사람을 고민에 빠트리고 곤란하게 할 목적인가?

당신의 생각을 공유하기 전에 다른 사람에게도 도움이 되는 이야기인지 한번쯤 생각해보자. 특히 당신이 잘 모르는 중요하고 개인적인 사항에 대해서는 더 조심해야 한다. 어떤 문제에 대한 사람들의 생각이 모두 제각기 다른 것은 자연스런 일이다. 누군가를 평가하거나 함부로 대하는 것은 당신이 답답하고 합리적이지 못하며 혐오스럽고 독한 사람이라는 인상을 줄 뿐이다. 당신 근처에 사람들이 접근하지 못하게 막는 부정적 습관이다.

모든 사람의 삶은 다르다. 다른 사람들의 선택은 본인의 선택과는 아무런 상관이 없다. 사람들의 의견과 경험을 인정해라. 그러면 당신도 인정을 받는다.

장황하게 말하면 지루하다

새로운 사람과 대화할 때나 특별히 신경 쓰이는 상황에서 가끔 대화의 갈피를 잡지 못할 때가 있다. 이때 상황에 어울리지 않는 말을 하거나 중요하지도 않는 내용을 장황하게 떠들 수 있다. 무언가에 대해 2분이면 될 이야기를 20여 분 말하거나 더 간단하게 이야기할 수 있는 사항을 시시콜콜한 세부 부분까지 불필요하게 묘사한다.

첫 데이트 상대라든지 깐깐한 직장 상사 등 대화하기에 신경 쓰이는 사람이 있는 것은 자연스럽다. 그럴 때 대화의 중심을 잡기가 어려운 것도 사실이다. 이때 대화의 일정 부분을 상상에 맡기는 것이 중요하다.

불안할 때 횡설수설하는 경향이 있다면 잠시 멈춰 서서 심호흡하고 대화를 전반적으로 듣는 데 집중한다. 대화를 부정적이고 부적절하게 이끌고 가지는 않는지 확인한다. 같은 일에 대해 긴 시간 이야기하고 있다는 것을 깨달으면 화제를 바꾸거나 다른 사람에게 말을 넘긴다.

섹스, 죽음, 심각한 질환, 재정 문제, 또는 범죄 행위와 같은 무거운 주제를 나눌 만한 지인이라는 절대적 확신이 없다면 짧게만 말하거나 아예 이에 대해 말을 꺼내지 않는 편이 낫다. 마찬가지로 정치 문제에 대해서도 적극적으로 이야기하는 것은 조심한다. 이는 대개 논쟁을 유발하고 감정이 섞이면서 다툼으로 번질 수 있다. 과유불급이라고 지나친 것은 모자람만 못하다. 큰 목소리로 과장하거나 불평하지 않도록 조심한다. 이런 부정적 주제에 대해 마음을 열고 토론할 수 있는 사람들과 같이할 기회가 찾아온다. 일반적으로 이런 무거운 주제를 꺼내더라도 무리 없이 받아들여질 것이라는 확신이 95퍼센트 정도 든다면 시도해본다. 만약 그렇지 않다면 가벼운 이야기로 유쾌하게 대화한다.

어떠한 상황이든지 본인이 한 가지 특정 주제에 대해 너무 많은 이야기를 하거나 끝없이 이야기하고 있다는 생각이 들면 이야기의 결론을 내고 다른 사람에게 궁금한 점을 물어보라고 한다. 다른 사람이 질문하는 동안 자신을 진정시킬 수 있다. 기억해야 할 점은 다른 사람을 지루하게 하거나 필요 없이 시간만 보내는 대화보다는 핵심으로 바로 들어가는 것이 더 낫다는 것이다. 목적을 가지고 효율적으로 대화해야 할 때 특히 더 그렇다.

다른 사람이 말할 때 꼼지락거리지 않는다

일대일 대화 자리든지, 회의 중이든지, 아니면 집단으로 참석하는 사회 모임이든지 상관없이 그 순간 당신의 손은 무엇을 하고 있는가? 지금껏 신경 쓰지 않았다면 한번 관찰해본다. 꼼지락거리는 태도는 당신을 불안하고 자신감 없어 보이게 한다. 또한 주변 사람들도 불안한 에너지의 영향을 받아 신경이 분산되고 분위기는 산만해진다.

다른 누군가가 말할 때 진정한 흥미를 갖고 경청하고 대화에 응하는 자세를 보여준다. 손짓이나 행동이 산만하다는 것은 지루하고 관심 없다는 표현이다. 펜을 돌린다든지, 커피 컵이나 재킷의 지퍼 등 손에 닿는 무엇이든지 만지작거리는 모습이 그렇다. 주위 물건들을 만지고, 돌리고, 문지르는 모든 행위들이 자리를 산만하게 하고 불안하게 보이도록 한다.

집에서 편안하게 휴식을 취할 때 이따금 당신의 몸짓을 살펴보라. 자세에 주목하고 손이 무엇을 하고 있는지 살펴보라. 무릎 위나 테이블 위에 가볍게 놓여 있을 것이다. 몸짓에 따라 자연스럽게 움직일 것이다. 이런 모습이 몸의 자연스런 자세다. 당신이 가장 편안할 때 몸의 모습과 느낌이다. 몸짓 언어를 배울 수 있는 좋은 방법이다. 대화할 때 또는 사회생활을 할 때도 휴식을 취할 때와 같은 모습의 손 모양을 하려고 노력한다. 당신이 최대한 편안하고 침착하게 대화에 열중하고 있다는 것을 보여줄 수 있다. 기본적으로 대화의 논점을 이해하려고 손을 사용하는 것은 매우 자연스럽고 편안한 모습이다. 하지만 손톱을 물어뜯거나 다리를 떠는 것은 그런 모습이 아니다.

말을 멈출 타이밍

침묵을 지키는 것이 최선의 선택일 때도 있다. 특히 대화의 단서를 읽는 데 어려움을 겪고 있거나 불안할 때 수다를 떠는 경향이 있다면 침묵의 순간을 받아들이기가 몹시 힘들다. 어떤 순간이 침묵할 때인지 정해진 규칙은 없다. 그래서 "분위기를 읽는" 법을 배울 필요가 있다. 가장 기본적인 수준에서 어떤 대화에 참여하고 있을 때 무언가 덧붙이고 싶은 말이 생길 때마다 다른 사람의 말을 끊어서는 안 된다. 남의 말을 잘 들어주는 사람이 되는 것은 말을 잘하는 사람이 되는 것만큼 중요하다. 마찬가지로 당신이 경험하지 못한 화제에 이런저런 참견을 하지 마라. 질문과 의견으로 응답하는 것은 괜찮다. 대화의 상대방도 당신이 잘 알지도 못하면서 전문가연 하는 것보다 "재밌는데 더 얘기해봐"라고 응답해주기를 항상 바랄 것이다.

명심해라. 누구나 대화 상대에게서 관심과 존중을 받고 싶어 한다. 질문을 하는 것은 그런 욕구를 충족시킨다. 뿐만 아니라 상대방의 말을 잘 알아듣지 못해 불안한 심리 상태에서 잘못된 말을 하지 않게 막는다.

한정된 공간에서 낯선 사람에게 말을 거는 것은 좋지 않다. 예를 들어 엘리베이터나 버스 또는 야채가게에서 줄을 서고 있다면 아마 그 사람과 신체적으로 밀접한 상태일 것이다. 이런 상황에서 대부분의 사람들은 돌발적인 대화에 엮이고 싶어 하지 않는다. 그들은 아마 다음에 어디를 가야 하는지 또는 해야 할 일이 어떤 것이 남았는지 생각 중일지도 모른다. 그들은 몹시 필요했던 간만의 조용한 시간을 갖고 있거나 일진이 사나운 하루를 보냈을 수도 있다. 만약 그들을 지나쳐 가야 한다면 공손하게 "실례합니다"라고 말하거나 "안녕하세요"라는 말과 함께 미소를 보여주는 정도로 충분하다. 낯선 사람과 본격적인 대화를 하려는 시도는 대개 성사되지 못한다.

동네 카페의 바리스타나 레스토랑의 웨이트리스, 가게 점원처럼 고객을 응대하는 사람들과 대화할 때는 특히 유의해야할 사항이 있다. 이런 사람들이 당신에게 질문을 하고 진심으로 대화에 응하고 싶다는 자세를 보여도 이는 그들이 하는 일의 일부라는 사실을 인식하고 짧게 응답하는 것이 적절하다. 말을 너무 많이 나누면 그들은 일이 밀려 어느 순간 불편하고어색해진다. 이런 상황에서는 정중하고 짧게 대화해라.

3장

좀 더 편안한 대화를 위한
간단한 팁

대화를 잘하는 사람이 되는 데 필요한 필수 15가지 기술과 얼굴 표정, 몸짓 언어의 기술을 마스터하는 법을 소개한다. 이 책을 덮을 때쯤 누구와도 나답게, 당당하게 대화할 수 있는 자신감이 생길 것이다.

사소한 몸짓이
만드는 기적

우리가 의사소통하는 방식은 말로 하는 언어적 소통과 몸짓, 표정, 시선, 손 모양 등으로 하는 비언어적 소통으로 나누어진다. 말로 하는 언어적 소통이 많은 비중을 차지할 거라 생각하지만 실제 우리는 비언어적 소통으로 더 많은 말을 한다.

몸을 조금 앞으로 기울이면 상대방은 당신과 더 많은 이야기를 나누고 싶어 한다고 느낀다. 가슴에 손을 올리고 말하면 이야기에 진실성이 더해진다. 무의식적으로 사용하는 몸짓이나 손짓, 몸의 각도를 조금씩 변화시키는 것으로 메시지를 강화하기도 혹은 약화하기도 하고, 감정을 표현하기도 한다. 더욱 따뜻한 사람이 될 수도 있고, 더욱 능력 있는 사람이 될 수도 있다.

보디랭귀지, 즉 몸짓 언어는 느끼거나 말하는 바에 대한 무의식적이고 자연스런 움직임이라고 흔히 생각한다. 하지만 이 것이 단지 잠재의식 속에서 발생하는 일만은 아니다. 필요에 따라 바꿀 수 있고 조종할 수 있는 대상이다. 여러 가지 사회적 상황에서 우리 몸은 전달하고자 하는 메시지를 부정하기도 혹은 강화하기도 한다. 몸짓 언어는 당신의 견해를 다시 반복해서 표현하고, 사람들에게 편안함을 주고, 상대가 당신의 반응을 정확하게 판단하는 데 도움을 준다.

대부분 몸짓 언어는 너무 자연스러운 일이라 대체로 생각의 과정을 거치지 않고 이뤄진다. 실제로 극소수만 누군가의 말을 듣고 있거나 말을 할 때 자신이 어떤 몸짓을 하고 있는지를 적극적으로 생각한다. 하지만 대화를 잘하는 사람이 되고 싶다면 지금부터라도 몸짓 언어가 어떤 작용을 하는지 이해하는 것이 매우 중요하고 필요한 지식이다.

몸짓 언어를 효과적으로 사용하면 대화의 분위기를 만들고 유지하는 데 도움을 받을 수 있고 강력한 무기로도 사용할 수 있다. 다른 사람의 몸짓을 바라보는 것만으로 어조와 기분을 읽어낼 수 있다면 더 효과적으로 대화의 "분위기를 파악"할 수 있다.

단지 여기서 제시한 부분들을 읽고 넘어가는 것이 아니라 직접 하나하나 실험해보기를 바란다. 몸짓 언어를 배울 수 있는 최선의 방법이다. 걱정할 필요는 없다. 나는 이번 장에서 많은 조언과 요령을 알려주겠지만 매우 개인적인 부분일 수 있으므로 자신의 장단점을 잘 파악해 필요한 내용을 습득한 다면 큰 변화를 이룰 수 있을 것이다.

주제에 따라 몸짓과 표정이 변한다

몸짓 언어를 잘 이해하기 위해 우선 대화에 참여하는 사람들을 적극적으로 관찰하는 것부터 시작하자. 대화 과정에서 보여주는 모든 미세한 움직임에 주목한다. 다른 주제나 말로 넘어가면서 몸이 어떻게 반응하는지를 살피고 그에 따른 분위기 변화에 유의한다.

- 사람들이 즐겁게 대화하는가?
- 대화의 내용이 가볍고 행복한 주제인가?

- 만약 그렇다면 긍정적인 느낌을 전달하는 그들의 몸짓 언어는 무엇인가?
- 차분하고 편안하게 보이는가?
- 그들의 어깨는 편안한가 아니면 긴장되어 있는가?
- 그들의 어깨가 힘이 없거나 턱이 처져 있는가?
- 서로 마주보고 있는가 아니면 각자 다른 방향을 보고 있는가?
- 말투가 진지한가 아니면 슬픈가?
- 이를 몸짓 언어만으로 어떻게 알 수 있는가?
- 상대방의 말을 들으면서 고개를 한쪽으로 기울이고 있는가?
- 대화의 상대방에게 불편하게 보이는 어떤 몸짓을 찾아낼 수 있는가?

가까운 친구나 가족과 함께 연습하는 것이 효과적이다. 이후 관찰한 바를 이야기 나눌 수 있기 때문이다. 몸짓 언어를 배울 수 있는 또 다른 효과적인 방법은 TV나 영화 속에 나오는 사람들을 관찰하는 것이다. 영화를 보면서 등장인물의 몸짓이 전달하려는 메시지를 고민해보라. 아주 사소한 움직임도

해석하려고 시도해본다. TV를 음소거 상태로 설정하고 등장인물의 몸짓만 보고서 무슨 말을 하는지 파악해본다. 서로에게서 멀어지거나 가까워지는 미묘한 움직임에 주목한다. 누군가 상대의 말을 집중해서 듣고 있는 순간을 찾아낼 수 있는지 살펴본다. 그런 다음엔 누군가 상대방에게 집중하지 못하는 순간을 찾아본다. 상대방이 집중하지 못한다고 생각한 이유를 스스로에게 물어본다. 당신이 그렇게 믿은 특정한 몸짓이 있었는지 생각해본다.

거울을 보며 내 몸짓 살펴보기

몸짓 언어를 읽는 데 자신감이 생기면 이를 표현하는 것도 시도해본다. 거울 앞에 서서 다른 사람을 관찰하면서 배운 자세나 몸짓을 실험해보라.

차분하고 편안해 보이는 몸짓을 생각해보고 당신은 몸으로 이런 느낌을 어떻게 표현할지 실험해본다. 화가 났을 때의 몸짓과 행복했을 때의 몸짓을 각각 떠올려본다.

만약 그들과 대화하고 있다면 당신의 어떤 몸짓이 그들 눈에 띄었을까? 거울을 보며 주변의 불편한 누군가를 상상해보자. 당신은 어떤 몸짓으로 불편함을 드러내는가? 이제 반대로 편안한 사람을 상상해보자. 당신의 몸짓이나 자세에 어떤 미묘한 변화를 찾아낼 수 있는가?

자기 몸에 대해 이런 식으로 알아가는 과정은 흥미롭고 배울 점이 많다. 몸이 자신이 의도하는 메시지를 전달하고 있다는 사실을 인식하면 대화가 주는 많은 부담과 불안을 줄일 수 있다. 몸짓 언어를 읽거나 표현하는 데 익숙해질수록 매우 불안한 상황에서 이를 상대방에게 표현하지 않을 가능성이 높아진다.

도움을 받을 수 있는 친구나 가족이 있다면 함께 역할극을 해본다. 공식적이고 딱딱한 분위기로 해야 할 필요는 전혀 없다. 실제로는 친구에게 당신의 몸짓 언어가 애매모호한지 또는 전달하려는 메시지와 상충하는지 등을 물어보는 식으로 매우 간단하게 할 수도 있다. 그들과 대화를 나눈 후 당신에게 말하는 것이 편안했는지 물어본다.

그들에게 당신이 의도한 말투를 몸짓이 더 헷갈리게 한 것은 아닌지 물어본다. 전달하려는 메시지의 핵심을 도와주는 혹은 방해하는 특정 몸짓을 했는지, 안 했는지도 알아본다.

몸짓 언어를 익히는 데 어려움이 있다면 이는 시간이 걸리고 연습이 필요한 일이라는 사실을 명심한다. 대가 없이 얻을 수 있는 건 없다. 처음부터 크게 욕심 내지 않고 여유를 갖고 시작한다. 몸짓 문제로 고통을 겪는 사람들이 세상에는 생각보다 무척 많다. 불행히도 그들은 자신의 자연스런 몸짓을 신뢰하지 못한다. 이는 적극적으로 개선하는 방법을 고민해야 한다는 것을 의미한다. 더 많이 연습할수록 더 자연스럽고 편안한 몸짓 언어를 가질 수 있다.

상대방 몸짓 따라 하기

연습할 때나 가까운 사람과 대화할 때 대화 상대방의 몸짓을 미러링Mirrioring 해라. 즉 상대방이 말할 때 어떤 몸짓을 하는지 살피고 그들의 자세에 맞추려고 노력한다. 예를 들어 상대방이 당신 쪽으로 몸을 기울이면 적극적으로 대화에 참여하고 있고 대화 주제가 무척 흥미롭다는 의미다. 그에 화답해서 당신도 상대방 쪽으로 몸을 기울여 역시 대화에 흥미가 있고 적극적으로 참여하고 있다는 것을 보여준다. 상대방이 당신

쪽으로 다리를 꼬고 앉아 있다면 이는 대체로 당신과의 대화가 편안하고 행복하다는 긍정적 신호다. 당신도 상대방을 미러링 해서 같은 방식으로 자세를 잡고 동일한 감정을 표현할 수 있다.

몸짓 언어에서 미러링은 굉장히 중요하다. 공감을 보여줄 수 있는 직접적이고 간단한 방법이어서 반드시 습득해야 할 강력한 대화 기술이다. 당신의 몸이 대화 파트너와 같은 방식으로 움직이면 상대방은 당신이 대화에 적극적으로 임하고 있고 또 자신의 말에 공감한다고 느낀다. 미러링은 긍정적이고 편안한 감정을 표현하는 데 가장 유용하다. 그런 몸짓은 대개 알아보기 쉽고 상호적이다.

하지만 부정적인 미러링은 약간 복잡한 측면이 있다. 예를 들어 누군가 불편해하거나 심각한 논쟁을 하고 있다면 미러링은 상대방을 침착하고 편안하게 하기보다는 오히려 상황을 악화한다. 누군가 화가 나거나 격분했을 때 어떤 몸짓을 하는지 상상해보자. 그들은 턱을 당기고, 어깨를 세우고, 상대방을 가리키고, 머리를 흔들고, 목과 어깨를 문지를지도 모른다. 이런 상황에서 상대방을 미러링 하면 당신 역시 공격적인 모습으로 인식된다.

대부분의 사람들은 큰 분쟁을 피하고 싶어 한다. 부정적인 미러링에 대해 생각할 수 있는 좋은 방법은 다음과 같다. 누군가의 부정적인 몸짓이 당신에게 향하면 이를 미러링 하는 것은 대개 현명하지 못한 일이다. 이는 추가적인 분쟁이나 싸움을 불러일으키려는 모습으로 비친다. 하지만 누군가의 부정적인 몸짓의 대상이 당신이 아니라면, 즉 친구가 직장에서 벌어졌던 불만스런 사건을 이야기하는 경우라면 그를 미러링 하는 것은 공격적이거나 도전적으로 비치지 않는다. 오히려 당신이 친구와 같은 편이고 화에 공감한다는 것을 보여줄 수 있다.

요컨대 부정적 미러링도 지지와 동의를 보여줄 수 있는 긍정적 행위가 될 수 있다. 하지만 당신과 싸우고 싶어 하는 상대방을 미러링 하는 것은 그저 부정적일 뿐이다.

이제 누군가를 미러링 할 때 정확하게 똑같은 몸짓을 할 필요는 없다는 것을 알았을 것이다. 우리의 목표는 대화에 집중한 상태에서 어느 정도 섬세함을 유지하면서 비슷한 몸짓 언어를 표현하려고 노력하는가이다. 너무 몸짓 언어에만 집중해서 대화에 집중하지 못해 흐름을 놓치지 않도록 조심한다. 귀기울여 듣는 것이 미러링보다 더 중요하긴 하지만 적절한 몸짓 언어는 상대방에게 편안함을 주어 편하게 자신에 대해 이야기할 수 있게 한다. 연습을 좀 하고 나면 이 모든 것이 훨씬 더 자연스러워진다. 대화의 상대에게 경청하고 있고 소중히 여긴다는 느낌을 주는 것이 얼마나 중요한지 기억하는가? 이런 목적을 달성하는 좋은 방법이 미러링이다.

미러링은 특히 대화가 힘들 때 효과가 좋다. 누군가 화가 난 일에 대해 이야기할 때 그를 미러링 하는 것은 당신이 내용을 이해하고 그 감정을 존중한다는 것을 보여준다. 말과 몸짓으로 공감을 표현하는 것은 사람들에게 그들이 혼자가 아니라는 느낌을 준다. 당신이 상대방 편이라는 기분 좋은 느낌을 준다. 앞서 언급했듯이 미러링은 누군가 당신과 관련 없는 분쟁 상황에 대해 화를 표현할 때 긍정적으로 작용한다. 예를 들어 당신의 친구가 이혼을 앞두고 있다고 치자. 친구가 이혼 과정에 대해 말하기 시작한다면 그의 자세를 단순히 미러링 하면서 공감을 즉시 표현할 수 있다. 너무 빤하게 보이지 않도록 주의하기만 하면 된다. 누구든 상대에게 조롱하거나 다른 생각에 빠진 것처럼 보이고 싶지는 않을 것이다.

미러링은 보통 매우 자연스럽고 연속된 행위다. 누군가와 진정 소통한다고 느낄 때 깨닫지도 못한 상태로 저절로 몸이 미러링 하는 것을 발견할 수 있다. 상대의 몸짓과 호응하면서 친구의 얘기에 귀를 기울이고 진정성 있게 대화하는 것이다. 자신의 몸짓에만 너무 집중하는 것을 막을 수 있고 거짓된 표현을 할 위험도 예방한다. 단 미러링을 할 때 천천히 부드럽게 움직인다. 몸짓이 뻣뻣하거나 바쁘게 한 자세에서 다른 자세로 바꾸면 오히려 불편하고 불안해 대화에 집중하지 못한다는 인상을 준다.

몸짓 언어를 배울 때 명심해야 할 몇 가지가 있다. 누군가를 향해 몸을 기울이는 것은 긍정적인 자세로 받아들여지는 반면 몸을 돌리는 것은 대개 부정적으로 인식된다. 일반적으로 상대방과 눈맞춤 하는 것은 대화에 적극적이라는 것을 보여준다. 상대방을 향해 의자를 돌리거나 자세를 다시 잡는 것 또한 진정으로 대화에 관심이 있음을 보여주는 극적인 효과를 낼 수 있다. 말을 하는 사람 쪽으로 발을 향하는 것도 이런 효과를 낼 수 있고 다른 쪽으로 발을 돌리면 불편함을 표시하게 된다.

팔짱을 끼고 앉거나 눈을 감는 것과 같은 "마음을 닫는" 자세는 피하는 것이 현명하다. 이런 행위는 상대방에게 더 이상 대화에 참여하고 싶지 않고, 마음을 닫았으며, 빨리 자리를 벗어나고 싶다는 인상을 준다. 상대방과의 사이에 물리적 장벽이 될 수 있는 물체가 있는지도 확인한다. 만약 테이블에 앉아있는데 랩톱이나 잡다한 사무용품, 책들이 시야를 가리고 있는지 점검한다. 그리고 커피 컵이나 휴대폰 같은 물건들을 떨어뜨리는 실수를 하지 않도록 주의한다.

몸짓에 따라 호감 가는 사람이 될 수 있다

어떤 대화를 시작하든지 ―특히 직장에서나 다른 진지하고 어려운 주제에 대해―자신감 있는 자세를 유지한다. 몸을 늘어뜨리거나 시선을 아래나 옆쪽으로 돌리지 않는다. 등을 곧게 펴고 턱을 숙이지 말고 서거나 앉는다. 어깨에 힘을 빼서 편안함을 보여준다. 어깨를 최대한 치켜든 다음 천천히 숨을 내쉬면서 내리면 도움이 된다. 어깨 끝을 등 아래쪽으로 보낸다고 상상해보라. 더 편안해 보일 뿐만 아니라 가슴을 앞쪽으로 내밀게 돼 두려움 없이 자신감 있는 모습이 될 수 있다. 평소보다 공간을 조금 더 차지함으로써 더 자신감 있는 자세를 만들 수 있다. 다리를 살짝 벌리고 앉거나 팔을 좀 넓게 편 자세도 같은 인상을 준다.

　자리에서 등을 약간 뒤로 기대는 것도 자신감 있고 편안한 느낌을 준다. 그렇다고 너무 뒤로 기대면 지루하거나 교만한 인상을 줄 수 있다. 이런 자세는 또한 너무 강한 느낌이나 심지어 뭔가를 요구하는 느낌을 줄 수 있으므로 주의한다. 명심해라. 모든 일에 중용을 지켜야 한다!

　몸을 살짝 앞이나 뒤로 기울이는 것은 흥미를 느끼고 있거나 흥미로운 이야기를 한다는 느낌을 줄 수 있다. 땅을 쳐다보거나 꼼지락거리는 것은 불안해 보이거나 심지어 겁먹어 보일 수도 있다. 다리를 떨거나, 손가락으로 테이블을 치거나, 손톱을 물어뜯는 등의 무의식적 행위는 주의를 분산시키고 분위기를 산만하게 한다. 또한 팔을 너무 덜렁거리지 마라. 손짓으로 메시지를 강조하는 것은 좋지만 이 또한 지나쳐서는 안 된다.

　얼굴이나 목, 머리를 지나치게 만지지 않는다. 넥타이나 셔츠 깃을 만지작거리고 싶은 마음이 들 때도 있겠지만 참아라. 이런 행동들은 대화 상대방이나 대화 주제에 겁먹은 인상을 준다. 목은 많은 신경계가 만나는 지점이다. 목이나 등 위쪽이 아프면 긴장성 두통뿐만 아니라 턱과 잇몸의 통증까지 유발

할 수 있다. 그래서 목과 어깨를 문지르면 기분이 좋고 편안해진다. 그래서 누구나 불안할 때 무의식적으로 목을 만지게 된다. 머리카락으로 장난을 한다든가 얼굴과 이마, 관자놀이, 눈, 입을 문지른다든가 하면 불안한 상태일 때 진정 효과가 있다. 소지품에도 주의해라. 작은 사물을 만지작거리거나 상대방과 자신 사이에 장애물을 두는 행위가 어떻게 잘못된 신호를 보낼 수 있는지 이미 언급한 적이 있다. 자신의 가슴이나 가슴 앞에 물건을 두지 않는 것도 중요하다. 가슴 앞에 음료, 열쇠, 책 등을 두는 것은 무언가 경계하고 있고 위협을 느끼거나 두려움을 느끼고 있다는 것을 나타낼 수 있다. 보다 자신감 있게 보이려면 소지품을 내리거나 옆으로 옮겨 들어라.

대화 상대방이 말하는 주제에 대해 흥미가 있다는 표시를 하는 또 하나의 방법은 그가 말을 할 때 고개를 끄덕이는 것이다. 상대방은 이를 보면 당신이 그 주제에 대해 더 듣고 싶어 한다고 생각한다. 약간 고개를 기울이거나 심지어 고개를 손으로 받침으로써 흥미를 보여줄 수도 있다. 이런 자세는 적극적인 대화 참여의 표시 가운데 하나다. 상대방에게 존중을 표현하는 간단한 방법이다. 이를 통해 상대방의 사회적 욕구는 충족되고, 당신과의 만남이 즐거운 기억으로 남는다.

여성들의 경우, 대화 상대와 마주한 상태에서 다리 하나를 깔고 앉는 것은 마음이 편안할 때 몸이 자연스럽게 취하는 자세다. 자신과 상대방 중 누가 이런 자세로 앉아 있는지 확인해 보라. 편안함과 불편함의 표시를 찾는 데 주목하는 것은 분위기를 파악하고 대화 상대의 기분을 더 잘 이해하는 데 도움이 된다.

눈맞춤과 편안한 거리 두기

몸짓 언어와 관련해서 가장 큰 이슈는 눈맞춤이다. 눈을 마주치지 않거나 시선을 이리저리 돌리는 행위는 불편하거나 집중하지 못한다는 표시다. 눈맞춤은 다른 사람의 감정을 이해할 때도 필요하다. 시선을 멀리 돌리는 것은 행위자가 대화 주제를 바꾸고 싶거나 다른 사람과 대화하고 싶다는 의미다. 특히 여러 사람과 함께 있을 때 누군가를 억지로 자신과의 대화에 붙들어두지 않으려면 명심한다. 상대방이 이런 모습을 보인다면 하던 말을 마무리하거나 상대방이 다른 사람과 대화할 수 있도록 편하게 대한다.

사람들이 대화에 편안하게 참여할 때 그들은 자연스럽게 말하는 상대와 눈을 마주친다. 하지만 시선 처리에 익숙하지 않을 때는 언제 그리고 어떻게 눈을 마주쳐야 하는지 이해하는 것이 힘들 수 있다.

누군가의 눈을 일정 시간 쳐다보는 것은 미숙해 보이거나 다른 의도를 품고 있다는 의심을 받을 수 있다. 경계심을 갖게 하고 불편한 분위기를 조성할 수 있으므로 주의한다. 굳은 표정으로 노려보는 것은 화가 나 있거나 상대방을 비난한다는 표시가 된다. 모든 일에는 절제가 필요하다는 것을 명심해라. 눈맞춤에 있어서는 많은 것이 적은 것보다는 낫다. 하지만 노려보는 것은 "절대 좋지 않다." 눈맞춤 하는 목적은 관심과 대화에 적극적인 참여 의사를 보여주려는 것이지 위협이나 잘난 체하려는 것이 아니다.

마지막으로 다른 사람과의 친밀도를 감안하여 적절한 물리적 거리를 유지하는 것도 필요하다. 누군가에게 지나치게 가까이 다가서는 것은 상대방을 불편하고, 불안하게 하며 위협당하는 느낌을 줄 수도 있다. 로맨틱한 의도가 내포된 듯한 잘못된 암시를 줄 수도 있다. 상대방이 편안하다고 느낄 수 있는 거리를 확보하는 것이 성공적인 대화의 기본 조건이다.

직상 상사와 이야기하는데 바짝 붙어서 말한다면 어색하지 않겠는가.

다른 사람을 만질 때도 주의한다. 많은 사람이 신체적 접촉을 불편해한다. 그러니 상대방이 불편해하지 않는다는 사실이 명확해지기 전에는 손을 조심한다. 어깨나 팔을 가볍게 터치하는 것은 친근한 메시지로 해석될 수 있으나 다리, 얼굴, 머리, 목 혹은 더 은밀한 부위를 만지는 것은 실제 연인 사이에서도 상호 동의하에 가능한 일이다.

일반적으로 상대방과의 간격을 한 걸음에서 두 걸음 사이로 유지하는 것이 적절하다. 공간 자체가 좁아서 어쩔 수 없는 경우이거나 상대방이 불편해하지 않는다는 사실이 확실해지기 전까지는 그 이상 다가서지 않는다.

나답게 당당하게 말하는
15가지 기술

평소 대화를 잘한다고 생각되는 사람의 모습을 잠시 떠올려 보자. 늘 가까이하고 싶고, 만나면 즐거운 사람의 유형은 어떨까? 사람들이 다른 사람에게 매력을 느끼는 이유 가운데 하나는 자신이 좋은 사람이라는 느낌을 주고 자신에게 존중을 보여주기 때문이다. 누구에게나 이런 근본적 욕구가 있다는 것을 인식한다면 이제 더 성공적이고 즐거운 대화를 위한 준비가 끝났다. 이제는 자신감이 어느 정도 생겼고, 예전보다 공포심은 더 줄어들었을 것이다. 한 걸음 더 나갈 때가 됐다. 아래 15가지 구체적인 대화 기술은 누구와도 나답게 당당하게 대화할 수 있게 도와줄 것이다.

1. 불평이나 불편한 화제는 피한다

알다시피 대화를 동등하고 공정하게 하는 것이 무척 중요하다. 누구도 자신의 이야기만 하는 사람과 어울리는 것을 좋아하지 않는다. 누구도 자기 집착이 심하고 감정적으로 피곤하게 하는 사람 곁에 가려 하지 않는다. 거기에 더해 대화를 가볍고 활기 넘치게 하는 것이 중요하다. 가능하면 지나치게 진지하거나 불편한 화제는 피하라는 것이요, 불평 또한 최대한 줄여야 한다는 뜻이다. 적극적이고 긍정적인 모습이 좋다. 사람들에게 긍정적인 영향을 미치는 것은 새로운 관계를 만들고, 오래된 관계를 더욱 굳건하게 하며, 대화를 즐겁게 만드는 환상적인 방법이다.

때로 불가피하게 진지한 얘기들, 예를 들어 죽음이나 질병, 정치적 변화, 돈 문제, 그리고 이와 같은 다른 중대한 삶의 변화와 관련된 대화를 해야 할 때가 있다. 친구에게 기대어 위로받고 싶을 때가, 친구도 당신에게 기대어 위로받고 싶을 때가 있다. 하지만 이런 상황이 아니라면 분위기를 가볍게 가져가는 것이 기본이다. 그러면 사람들은 당신과 더 대화하고 싶어 할 것이다.

2. 이름 기억하기

아무리 강조해도 지나치지 않을 정도로 중요한 사항이다. 사람들의 이름은 반드시 기억해야 한다! 몇 번밖에 만나지 않은 사람의 이름을 기억하고 이를 당사자가 인식하면 그는 당신과 다시 대화하고 싶어 한다. 과거의 만남에서 자신이 긍정적이고 의미 있는 인상을 남겼다고 생각한다. 이는 결과적으로 우리 모두가 추구하는 인정 욕구를 충족시킨다. 당신이 누군가를 기억했다는 사실을 당사자가 알면 그들과의 대화가 훨씬 더 부드럽게 돌아간다. 과거의 껄끄럽던 대화의 기억은 잊어도 된다.

게다가 목적이 있는 대화 자리라면 상대방의 이름을 기억함으로써 훨씬 생산적인 대화를 할 수 있다. 사람들은 자기 자신이 누구인지를 알고 그 가치를 인정하는 사람에게 마음을 열며, 더 돕고 싶어 한다.

누군가의 이름을 기억하지 못한다면 분위기는 어색해지고 양쪽 모두 불편해진다. 만약 이름을 기억하는 데 정말 소질이 없다면(대부분의 사람들이 그렇다) 만나는 사람들에 대해 기록을 해라. 휴대폰에 저장해두면 필요할 때마다 찾아볼 수 있고 더 이상 고개를 갸웃거릴 필요도 없다.

사람들의 이름이 무엇인지, 어떻게 만나게 됐는지, 그리고 다른 구분되는 특징이나 흥미로운 점은 무엇인지 기록해둔다. 예기치 않게 누군가를 마주쳤는데 이름이 확실히 떠오르지 않는다면 주변의 누군가에게 조용히 물어보거나 상대에게 직접 물어보고 정중하게 사과한다. 이제부터라도 기록을 하고 다음번에 같은 실수를 반복하지 않는다.

3. 집중만 잘해도 상대의 호감을 산다

여러 번 강조했는데 그만큼 중요하기 때문이다. 이야기에 최대한 집중하고 세심하게 경청하는 자세는 상대방에게 자신이 흥미롭고 존중받고 있다는 느낌을 준다. 상대의 말을 경청하는 것은 그를 칭찬하는 것과 마찬가지다. 이는 그들이 하는 말이 매력적이고 흥미롭다고 표현하는 한 방법이다. 하품을 하거나 방 안을 두리번거리고 시계를 반복적으로 보는 행위는 성마르고 지루해한다는 인상을 준다. 적극적으로 대화에 임하고 있다는 인상을 주고 싶다면 주기적으로 자신의 몸짓에 신경 쓴다.

팔짱을 끼지 않았고, 말하는 사람을 마주 보고 있으며, 그들 쪽으로 약간 몸을 기울이고 있는지를 확인해라. 만약 당신의 머릿속에 다른 생각들로 가득 차 있다면 마음과 몸을 대화에 집중할 수 있도록 노력한다. 대화 상대방에게 존중받는 느낌을 주는 것이 목표다. 상대방의 이야기를 가치 있게 생각한다는 점을 보여주고 싶을 것이다. 가장 좋은 방법은 상대방의 사회적 욕구를 우선순위 목록의 맨 위에 두고 당분간 관련 없는 생각과 감정은 치워두는 것이다.

스마트폰이 출현하기 전에는 사람들이 대화에 집중하는 것이 그렇게 어렵거나 드문 일이 아니었다. 하지만 지금은 사람들의 주의가 거의 항상 분산되어 있다. 사회적 변화의 결과로 집중력이 떨어진 만큼 우리는 한 번에 한 사람과 집중해서 의사소통할 때 필요한 점들을 분명히 익혀야 한다. 수시로 휴대폰이 일정, 할 일 목록, 업데이트, 이메일 그리고 쇼핑에 대한 소식으로 울려대는 통에 대화에 집중하지 못한다면 대책이 필요하다.

첫째, 휴대폰을 묵음으로 설정해라. 이는 기본 예의다.

둘째, 휴대폰을 주머니나 가방에 넣어둬라.

누군가와 대화 중에 핸드폰을 손에 들고 있거나 테이블 위에 놓아두는 것은 예의에도 맞지 않고 집중을 방해한다. 당신이 상대방보다 휴대폰에 더 신경을 쓰고 있다는 인상을 줄 수 있다. 특별히 중요하거나 진지한 자리라면 전화기가 진동하거나 다른 소음을 내지 않게 아예 꺼두는 것도 방법이다. 꺼두지 못할 이유가 있다면 — 예를 들어 정말 중요한 전화를 기다리고 있다면 — 대화를 시작할 때 상대방에게 미리 말한다. 전화기에 신경 써야 하는 점을 사과하고 상대방이 무례하게 느끼지 않도록 주의한다.

4. 대화에서 가장 중요한 것은 '공감'

공감은 아마도 인간관계에 미치는 가장 중요하고도 강한 힘이다. 인간은 개인적이면서 동시에 사회적인 본성이 있기 때문에 — 즉 개인으로서 또 집단으로서 살아가기 때문에 — 공감은 그 둘 사이를 연결하는 다리와 같다. 공감은 개인의 경험을 인정해주는 힘이고 사람들을 서로 묶어준다. 다른 사람들을 공감하는 능력과 의지는 타인과의 관계 속에서 일과 삶을 훨씬 쉽고 즐겁게 만든다. 대부분의 사람들은 공감 능력을 가르칠 수 없는 것으로 여긴다. 우리 모두가 일정 수준 가지고 태어나는 능력이 맞다. 천성적으로 공감 능력이 과도한 사람은 타인과 가까워지는 것이 오히려 감정적으로 힘이 들고 심지어 고통스럽기까지 한다. 공감 능력이 부족한 사람은 무례하고 사회적으로 부적격한 모습으로 비친다. 공감 능력과 관련해서 균형점을 찾는 것이 항상 쉬운 일만은 아니다.

만약 당신이 천성적으로 공감 능력이 과도하다면 부족한 사람들보다는 대화를 원활하게 할 수 있다. 하지만 이런 범주의 사람들은 대화 중 상대방의 말이 언제 끝나고 자신이 언제 시작해야 할지 잘 알지 못한다. 상대방에게 관심을 기울이는 것은 자연스럽지만 지나치면 오히려 자신을 우선순위에서 마지막에 두는 우를 범한다. 다른 사람의 문제에 과도하게 빠져들어 감정적으로 피로하거나 우울, 좌절감을 겪게 된다. 지나친 공감은 사람을 지치게 만들고 어떤 경우 분노로 이어질 때도 있다. 일상적으로 다른 누군가를 과도하게 생각하면 자기 자신을 돌보기가 어렵고 이런 형태의 관계는 거의 좋은 결말로 이어지지 않는다.

다른 사람의 문제로 완전히 마음을 뺏기는 것과 다른 사의 문제에 관심을 갖는 것 사이의 차이를 알아야 하고 자기 자신에 대해서도 충분한 시간을 써야 한다. 50 대 50의 대화에서 50은 자기 자신에 대한 부분이라는 점을 명심한다.

공감 능력이 부족하고 이를 표현하는 것도 어려워한다면 사람들과 가까워지는 것은 정말 쉽지 않다. 이 책에서 내가 대화를 잘하는 사람을 "호감이 있는"이라고 여러 번 표현했다는 것을 기억할 것이다. 공감은 호감을 갖게 하는 데 크나큰 역할을 한다.

당신이 타인에게 공감하기 힘들다면 상대방의 입장이 되어보는 것이 가장 좋은 방법이다. 한마디로 역지사지易地思之다. 누군가 자신의 하루를 당신에게 이야기할 때 그 사건이 내게 일어났다고 상상하고 그런 상황에서 어떤 느낌이 드는지 생각해본다. 더 나아가 상대방이 어떤 느낌이었을지 모든 단서를 귀 기울여 들어보고 세심히 살펴본다.

• 상대방이 웃고 있는가 아니면 찡그리고 있는가?
• 목소리가 가볍고 즐거운가 아니면 무겁고 우울한가?

대화 속에서 감정을 알아내려 노력하고 당신이 이해한다고 말하거나 간단히 동의한다는 고갯짓을 하면서 상대의 감정에 맞춰가려 최선을 다해라. 여전히 상대방의 감정을 이해하는 데 어려움을 겪는다면 현재 대화 중인 주제에 대해 어떤 느낌인지 물어보는 것도 괜찮은 방법이다. 때로는 대화에서 상대방에게 보여줘야 할 모든 것이 단지 "그렇군요!"라는 인정일 수도 있다. 그저 다음과 같이 말하는 것도 충분한 공감을 보여주는 방법이다.

"이해할 수 있어. 정말로 속상했겠구나."

5. 자신감 있게, 그러나 부드럽게

대화가 즐겁고 성공적이려면 사람들이 당신과 대화하고 싶게 만들어야 한다. 이는 자신감은 필요하지만 건방져서는 안 된다는 의미다. 우선 편하게 말해라. 부끄럼을 많이 타는 성격이더라도 생각하는 바를 말하고 의견을 표현한다. 상대방과 의견이 다르거나 자신만의 개인적 의견을 말하는 것은 아무런 문제가 되지 않는다. 대개 자신감 있는 척 가장하면 정말 자신감이 느껴지기 시작한다.

이미 자신감은 충만하지만 자기주장의 강도가 너무 강한 사람들은 얼마나 스스로 자기 확신이 있는지와는 상관없이 상대방도 질문을 하거나 자신의 이야기를 들어주기를 바란다는 사실을 명심해야 한다. 세상 모든 문제에 대한 해답을 듣기만을 원하는 것이 아니라 자신이 어떤 생각을 하는지, 무엇을 느끼는지에 대한 흥미를 가져주기를 바란다. 상대방이 자신의 의견을 말하려 할 때를 인식하면 균형점을 찾을 수 있다. 누군가 재빨리 자신의 손을 들었다가 다시 내린다면 대체로 무언가 말할 거리가 있다는 표시다. 누군가 자꾸 입을 열고 짧은 말을 내뱉는다면 일단 말을 멈추고 그가 말을 시작하는지 잠시 기다려볼 필요가 있다. 상대방이 말을 하고 있을 때는 귀 기울여 듣고 당신이 말할 차례가 올 때까지 기다려라. 상대방의 말을 끊고 들어가지 마라. 대화는 전쟁이 아니고 함께 어울리는 자리다.

서로 간의 차이를 인정하는 것은 강력한 효과가 있다. 차이를 인정하면 자연스럽게 겸손해진다. 다른 사람들의 견해와 경험을 이해하려고 노력하는 사람은 거의 항상 이해심이 깊고, 공감할 줄 알고, 친근하며, 말을 건네기가 편하다고 인정받는다. 그렇다고 이것이 다른 모든 사람의 견해에 무조건 동의하라는 의미는 아니다. 이는 다른 사람의 말에 귀를 기울이고 의견을 존중하라는 말이다. 만약 상식적으로 동의하기 정말 어려운 이야기를 듣는다면 당신은 반대 입장이라고 말하고 상대방의 동의를 구한 후 다른 주제로 넘어가는 것이 좋다.

6. 자신의 단점을 인정하라

인간에 대해서는 할 말이 많다. 이는 내가 장점과 단점을 모두 가진 평범한 인간이기 때문에 하는 이야기다. 대화를 잘하는 사람이 되기 위해 완벽해야 되거나 모든 것을 알아야 할 필요는 없다. 어떤 일에 대해 잘 알지 못하면서 전문가인 척하는 것은 민망하고 당황스런 상황으로 이어질 수 있다. 그렇다고 자신이 아는 것과 경험한 일에 대해서만 이야기하는 것도 상대방을 지루하고 지치게 한다. 또한 모든 일에 자신이 최고인 양, 세상 모든 일에 대해 정답을 다 아는 듯 행동하는 것은 정말 재수 없다. 사람들은 정직한 자세를 좋아하고 존중한다. 그런 사람에게 마음을 연다. 이는 자신의 결점과 단점에 대해서도 솔직해져야 한다는 얘기다. 모든 인간은 자기만의 우여곡절이 있다.

우리는 모두 실수를 한다. 고난을 통해 무언가를 배운다. 우리 모두는 각자의 삶을 통해 배우고 성장한다. 이는 가끔 즐겁지 않은 순간이라도 살아내야 한다는 의미다. 자신의 실수를 인정하기 위해서는 힘이 필요하다. 사람들은 이런 모습을 존중한다. 어떤 일이 잘못됐을 때 억지를 부리기보다는 실수를 인정하는 것이 사람들에게 존중받을 수 있는 길이다.

사람들 대부분은 그 누구도 완벽하지 않다는 사실을 안다. 그리고 자신도 그렇다는 것을 빨리 인정할수록 더 나은 인간이 될 수 있다. 자신이 잘 알지 못하는 사항에 대해 상대방에게 조언을 구함으로써 새로운 것을 배울 수 있고 또 상대방이 원하는 중요한 감정, 즉 사회적 욕구를 만족시킬 수 있다. 특정 주제에 대해 도움을 요청하는 것은 자신은 겸손해 보이고 상대방은 자신에 대한 좋은 느낌을 갖게 하는 효과가 있다. 윈윈 게임이다. 특정 요리를 어떻게 하는지 혹은 큰 기업을 어떻게 관리하고 운영하는지 등 주제는 상관없다. 상대방의 기본적인 사회적 욕구를 충족시키는 동시에 자신은 개방적이고, 정직하고, 감사하는 사람으로 보이게 한다.

7. 적절한 질문은 대화의 윤활유

대화에서 질문은 상대방에게 존중하는 느낌을 주고 내가 원하는 것을 얻을 수 있는 적절한 방법이다. 하지만 어떤 종류의 질문이 좋을까? 만약 상대방이 친한 친구이거나 가까운 가족이 아니라면 지나치게 개인적이거나 사회적으로 부적절한 질문으로 시작하지 마라. 그런 질문은 대화에 좋은 영향을 주기보다는 분위기를 악화시키기 쉽다. 무엇보다 대화 주제를 바꾸기에 적절한 타이밍이 아니라면 상대방이 말하는 내용과 동떨어진 질문을 해서는 안 된다.

대화 자리에 있는 누군가를 곤혹스럽게 만들 수 있는 불편한 질문도 삼가라. 나로 인해 자리가 편안해지고 사람들이 좋은 느낌을 갖는 것이 목표라는 것을 항상 잊지 않는다. 일반적으로 편안한 주제에 대해 질문하거나 자신이 보기에 상대방이 잘 알고 있는 주제에 대해 질문한다.

질문을 해야 하는 가장 중요한 이유 가운데 하나는 질문을 통해 대화의 실마리를 풀어나가기 위함이다. 상대방이 편하게 이야기할 수 있게 이끌기 위해서다. 자신이 상대의 이야기에 흥미를 갖고 있다는 것을 질문을 통해 보여주면 대화는 훨씬 부드럽게 흘러간다. '예' 혹은 '아니요'와 같은 짧은 대답으로 끝나는 질문을 너무 많이 하면 질문 사이에 생각할 시간이 부족해 어색한 침묵으로 이어질 수 있다. 게다가 단답형 질문은 상대방에게 부가적인 설명을 해야 한다는 압박감을 줄 수 있다. 사실 최고의 질문은 가장 단순한 것들이다. 누군가가 어떤 이야기를 꺼냈을 때 다음과 같이 질문해보자.

"당신은 어떤 기분이 들었어요?"
"다음에 무슨 일이 생겼어요?"
"그래서 어떻게 해결했어요?"
"그럴 땐 어떤 느낌이에요?"

그리고 상대의 대답을 귀 기울여 듣고 진심으로 응답한다. 이를 통해 상대방의 기분과 맞춰갈 수 있다. 다음과 같은 말을 해보라.

"와, 그런 일을 겪어냈다니 대단하군요. 정말 힘들었을 것 같은데!"
"진짜예요? 나도 거기에는 꼭 가보고 싶네요!"

상대방이 더 할 말이 있다고 느껴지면 더 이야기해달라고 요청한다. 눈맞춤을 하고 몸을 약간 기울여 흥미가 있다는 것을 보여준다. 사람들은 자기의 경험을 이야기하기를 좋아해서 대화가 이런 식으로 진행되면 당신과 대화하는 것을 상대방은 더욱더 편안해한다. 이런 식의 대화는 또 상대방이 자신의 이야기가 재미있다고 느끼게 한다. 이런 상황에서 거짓된 표정을 짓거나 감정을 가장하지는 마라. 상대방이 더 이야기할 수 있도록 기회를 주면서 편안하게 집중하는 것으로 충분하다. 그러면 상대방도 당신의 이야기를 즐겁게 들을 자세가 된다.

8. 진정한 자기 자신이 되라

삶을 살아오면서 "Be yourself(꾸밈없이, 가식 없이 자신의 원래 모습대로 말하고, 행동하고, 생각하라는 뜻-옮긴이)"라는 말을 수없이 듣지만 이 말이 진정 의미하는 바를 제대로 아는가? 엄밀히 따지면 우리는 항상 우리 자신으로 존재한다. 어떻게 우리가 다른 누군가가 될 수 있겠는가. 진정한 자아가 되라는 이

말은 사실 꽤 복잡한 내용을 담고 있다. 내면에서는 항상 진정한 자아가 될 수 있지만 때때로 외부 환경에 맞춰 살아가야 할 때도 있다. 진정한 자아가 오페라 가수라 하더라도 목청껏 큰소리로 노래를 부르며 고요한 명상 모임 속으로 걸어 들어가서는 무사할 수 없다. 만약 그랬다면 이후에 진정한 자아로서 행동한 것을 자책할 것이다.

하지만 자신만의 생각이나 의견, 믿음을 갖는 것에 대해서 기억해야 할 사항이 있다. 만약 자신이 지속적으로 다른 사람이 말하는 모든 것에 동의하거나 맞춰가려고만 한다면 대화는 무척 지루해진다. 항상 대립을 일삼거나 논쟁거리를 찾으라는 말은 아니지만 자신만의 방식으로 흥미를 느끼고 이를 자랑스러워하는 자세는 무척 중요하다. 사람들은 누구나 온전히 자신만의 경험이 있다. 이에 대한 감정을 친구들과 나누고 다른 사람들과 함께 공감할 수 있어야 한다. 일단 상대방에게 진심으로 동의하지 않더라도 그의 말에 동조하려는 경향이 있다는 것을 받아들인다. 대화의 상대방과 이견이 있고 그에 대해 원만한 토론을 하는 것은 나쁠 것이 없다. 자신의 모든 행위가 다른 사람에게 동조하는 식이라면 개성이 빛나기보다는 그냥 묻혀서 보이지 않게 된다.

자신이 알고 있는 지식에 대해 자부심을 갖는 것과 동시에 알지 못하는 것에 대해서 두려워하지 마라. 자신의 성취와 믿고 있는 것들에 대해 자부심을 가져라. 만약 자신의 가치를 인정해주지 않는 누군가와 함께 있다면 그는 아까운 시간을 들여 같이 자리를 함께할 만한 사람이 아니다.

9. 전형적인 스몰토크 대신 가벼운 칭찬과 질문으로

사람들과 이야기할 때 가장 힘든 부분이 대화를 어떻게 시작하는가이다. 대개 어느 정도 대화의 흐름이 생기기 전까지는 어색함이 감돌고 말을 더듬게 마련이다. 특히 처음 만나는 사람과는 더욱 그렇다. 하지만 다른 모든 일과 마찬가지로 어떻게든 시작을 해야 한다. 이런 경우 항상 칭찬과 질문이 가장 좋은 시작점이다. 칭찬은 긴장감을 해소하고 질문을 통해 의견을 구하면서 상대방이 말하도록 이끈다.

예를 들어 누군가와 만나 커피를 마시는데 그가 흥미로운 가방을 들고 왔다면 가방이 좋아 보인다고 말한다. 가방에 관심을 표현하고, 어디서 샀는지를 물어본다. 처음 가보는 레스

토랑이라면 상대방에게 전에도 와봤는지 또 추천할 만한 메뉴가 무엇인지 물어본다. 이런 주제들은 생각이 필요한 진지한 주제가 아니기 때문에 어색함을 깨기 좋고 대화가 부드럽게 흘러가는 데 도움이 된다. 그런 다음 상대방에 대해서 궁금했던 점을 생각해보고 그에 대해 질문한다.

예를 들어 상대방이 영화 산업에 종사하고 있다는 것을 안다면 평소에 궁금해하던 것을 물어보거나 아니면 영화계에서 일하는 것은 어떤지 물어본다. 자녀가 있는 것을 안다면 애들이 잘 크고 있는지, 요즘 무엇에 흥미를 보이고 있는지 등을 물어본다. 사람들은 자신에 대해 이야기하는 것을 좋아한다는 사실을 항상 명심해라. 이런 질문들은 부담스런 내용이 아니다.

가볍지만 무례하지는 않게 날씨나 교통상황, 어젯밤에 본 스포츠 경기나 드라마 등 일상 소재를 놓고 나누는 대화를 스몰토크Small Talk라고 한다. 날씨나 교통상황 같은 전형적인 스몰토크를 해야 한다는 강박관념은 버려라. 누군가에게 "여기 자주 오나요?"라고 묻는 것은 대화를 시작하기에 너무 형식적인 질문이고 최근에 허리케인, 지진 또는 쓰나미가 닥치지 않았다면 날씨는 그저 날씨일 뿐이다. 그러니 상대방을 하품하게 만들 것 같은 소재로 대화를 시작하지 마라. 또한 지나치게 진지하거나 상대방을 불편하게 하는 질문은 피해야 한다. 이는 정치적인 이슈나 다른 민감한 주제는 꺼내지 말라는 얘기다. 가장 중요한 것은 편안함과 웃음이다. 모든 사람이 낯선 이와 처음(혹은 처음 몇 번은) 대화를 시작할 때 조금씩은 부담스러워한다는 사실을 기억한다. 여유 있게 이야기하고 적절한 호흡을 잊지 않는다.

대화는 즐거워야 하므로 스스로도 너무 긴장하지 않고 재미를 찾으려고 노력한다. 시작이 매끄럽지 못하거나 어색해졌다면 웃어넘기고 계속 나아간다. 당황스러운 순간에 계속 머물러 있거나 어색한 감정에 사로잡혀 있어봐야 아무 소용이 없다.

10. 상대방의 말을 미러링 하기

앞에서 몸짓 언어를 미러링 하는 것에 대해 배웠다. 이는 상대방의 말과 관련해서도 활용할 수 있는 대화 기술이다. 상대방의 말을 전부 반복해서 따라 하거나 이상한 종류의 질문 응답

훈련을 하라는 것은 분명 아니다. 그보다는 상대방이 이야기했던 내용을 잘 이해했다가 주기적으로 다시 언급해주고 이를 함께 명확하고 정교하게 완성시켜 나가라는 것이다.

말하자면 이런 질문을 하는 것이다. "저번 주말에 아이스스케이트장에 있었다고 했는데 자주 하는 건가요 아니면 이제 새로 배워보려는 건가요?" 또는 "저번에 자신을 책벌레라고 하던데 최근에 읽은 좋은 책이 있나요? 저에게 추천할 만한 책이 있는지…." 또는 "와인을 직접 만들었다구요? 얼마나 오래됐어요? 어떻게 시작하게 됐어요?"

이런 형태의 미러링은 상대방이 한 말의 중요성을 반복해준다. 상대방의 말을 귀 기울여 들었고 흥미가 있다는 점을 보여주는 방법이다. 만약 대화에서 자신이 너무 말을 많이 한 느낌이라면 이를 통해 부담을 줄일 수 있다. 이런 질문들은 잘못 이해하고 있던 부분 또는 명확히 듣지 못했던 부분을 분명히 하는 데도 도움이 된다.

11. "세상 모든 사람은 칭찬을 좋아한다"

에이브러햄 링컨이 "세상 모든 사람은 칭찬을 좋아한다"라고 말했다. 하지만 칭찬의 방식이 생각보다 중요하다. 칭찬을 받은 보답으로 하는 칭찬은 대개 진실 되게 다가오지 않는다. 우리 모두는 누군가 자신에게 멋져 보인다고 말하면 기분이 좋다. 하지만 누군가 자신의 이야기를 진지하게 들어주고 인생의 성과에 대해 구체적인 칭찬을 할 때 훨씬 더 기분이 좋다.

앞에서 말했듯이 누군가의 말에 귀를 기울이는 것 자체가 칭찬이다. 이를 통해 상대방은 이미 인정받는 느낌을 갖고 기분이 좋아지기 때문이다. 하지만 이외에도 누군가를 진정으로 칭찬하는 방법은 수없이 많다. 사람들에게 구체적인 감사의 표현을 하는 것은 항상 최고의 방법이다. 상대방의 중요성이 드러나는 사실을 활용해서 그들의 고된 성과를 칭찬해라. 칭찬할 만한 일을 찾아서 합당하게 칭찬해라.

그저 "잘했어"라고 말하지 말고 무엇을 잘 했는지 구체적인 내용을 들어서 다음과 같이 말한다. "이번에 네가 한 일은 정말 좋은데, 어떻게 이런 생각을 했지? 나도 그런 생각을 할 수 있다면 좋을 텐데." 또는 "거실 벽지 색깔이 정말 좋은데. 어디서 이런 영감을 받았어?"

이런 칭찬은 상대방이 자랑스러워하는 것들에 대해 이야기하게 만든다. 대화에 긍정적인 기운을 불어넣고 쉽게 풀리게 한다. 거기에 더해 구체적이고 자세한 칭찬은 포괄적이거나 진실하지 않은 칭찬에 비해 훨씬 큰 효과가 있다. 상대방이 잘하는 것에 대해 이야기해주고 그럴 자격이 있을 때 그들을 칭찬하면 당신의 삶과 일에서 새로운 관계의 토대가 된다.

12. 편안한 대화의 지름길, 웃는 얼굴

어떤 표정을 짓는지에 따라 기분까지 달라질 수 있다는 것이 많은 연구를 통해 밝혀졌다. 옷차림을 바꾸는 것만으로도 행동이 달라진다고 말한다. 감정과 자존감 그리고 직장에서의 생산성까지 영향을 받는다. 마찬가지로 웃음도 같은 방법으로 효과가 있다. 더 많이 웃을수록 실제 자신감이 더 커지고 행복감이 올라간다. 사회생활에서 많이 웃는 사람은 편안하고 만족한 모습으로 비춰진다. 실제 또 그렇게 느끼게 한다. 게다가 누군가와 이야기할 때 미소 띤 표정을 지으면 상대방에게 긍

정적 메시지를 많이 전할 수 있다. 웃는 얼굴에 침 못 뱉는다
는 속담도 있지 않는가. 웃음을 머금은 상대에게 말할 때 우리
는 즉시 더욱 편안하고 안전하다는 느낌을 받는다.

웃음은 따뜻함, 개방성, 친근함, 관심, 인정을 보여주는 방
법이다. 또한 그곳에 있어 행복하고 대화 상대방과 함께 있어
즐겁다는 표현이다. 말 그대로 얼굴 표정을 바꿈으로써 자신
과 대화 상대방은 기분이 좋아진다. 하지만 절대 부적절한 타
이밍에 웃지 마라! 슬픈 순간에는 작은 이해의 미소와 함께
고개를 끄덕여 귀 기울여 들으며 공감하고 있다는 것을 보여
줘라.

13. 험담은 대화를 불편하게 한다

사랑을 어떻게 주고받는지 알기 위해 심리학 학위가 필요하
지는 않다. 서로 간에 호감이 필요하다. 우리는 사람들에게 관
심 받고 싶어 한다.

일반적으로 어떤 대화 자리에서든 다른 사람들에 대해 부정
적인 이야기를 많이 한다면 상대방은 앞으로 당신과 함께하

는 대화를 불편하게 느끼기 쉽다. 결국 당사자가 없는 데서 험담과 비난을 많이 하면 대화 상대방에게도 그러지 말라는 법이 어디 있겠는가. 자신이 긍정적인 시각을 유지하면 다른 사람들도 자신을 긍정적으로 바라볼 것이다.

대화의 소재가 다른 사람에 대한 이야기로 흘러가면 자신이 좋아하는 사람들에 대해 이야기하려고 노력한다. 그들을 왜 좋아하는지에 대해 이야기해라. 대화 상대와 자신이 모두 알고 있는 지인에 대해 이야기할 때는 특히 더 그렇다. 자신이 다른 사람을 좋아한다는 것을 보여주고 좋아하는 점을 설명한다. 좋아하는 사람들과 함께하는 자신의 인생에 감사하는 마음을 갖고 있음을 표현한다. 이런 긍정적인 자세는 대화나 새로운 관계를 맺는 데 좋은 토대가 된다.

사람들을 좋아하는 것과 관련된 대화는 여기서 멈추지 않는다. 대화 상대방에게 다른 사람들을 좋아하는 것뿐만 아니라 상대방 또한 좋아한다는 것을 보여주는 방법이 있다. 누군가에게 호감을 표현하려면 그가 중요하게 여기는 일들에 대해 대화한다. 자녀나 부모, 취미, 일 등 자신이 파악하고 있는, 그가 중요하게 여기는 것들에 대해 질문한다. 가장 중요하게는 구체적으로 그의 어떤 점이 좋은지를 이야기하는 데 주저하지 마라.

누군가에게 상황에 대처하는 방식을 좋아한다고 말하거나 그가 한 말에 대해 감사를 표현하는 것은 양 당사자 모두를 기분 좋게 한다. 이런 대화는 사람들에게 자신을 긍정적인 기억으로 남긴다. 세상을 향해 미소를 보내라. 그러면 세상도 당신에게 미소를 보낼 것이다. 사람들을 좋아해라. 그러면 사람들도 당신을 좋아할 것이다.

14. 공통점은 좋은 화젯거리

누군가와 만날 때 그 사람에 대한 정보가 약간 있다면 큰 차이를 만든다. 대화를 시작하면서 어색한 분위기를 깰 때도 유용하고 대화가 진행되면서 상대방에 대한 관심도 보여줄 수 있다. 이를 위한 몇 가지 간단한 방법이 있다. 첫째, 가급적이면 상대방이 어디에 관심이 있고 열정적인지에 대해 조사해서 만남을 준비한다. 물론 상대방에 대한 모든 것을 알아야 하는 것은 아니다. 모든 것을 안다면 의심을 받거나 더 이상 할 얘기가 없어지는 두 가지 경우 중 하나가 될 뿐이다. 대신 상대방을 아는 친구가 있다면 대화를 시작하기에 좋은 화젯거리가 무엇이 있는지 미리 물어본다. 아니면 이전에 이메일이나 문자를 교환한 적이 있다면 나중에 대화 자리에 화제로 삼을 수 있게 취미와 관심사를 직접 물어본다. 상대방과 대화할 때 그만의 독특하고 존경할 만한 일이 무엇이 있는지 알아내려 최선을 다한다. 상대방이 싱글맘으로서 애를 키우면서도 직장에서 고위직까지 오르는 성취를 보였을 수도 있고 방금 승진을 했을지도 모른다. 숨겨진 재능이 있거나 뭔가를 성취한 아이를 뒀을 수도 있다.

어떤 경우이든지 상대방에게 경탄을 보여주는 것은 자신과의 대화를 행복하게 만드는 최고의 방법이다. 조사하는 동안 자신과 공통점이 있는지 찾아보는 것도 현명하다. 대화가 지지부진해질 때 서로 간의 공통 화제가 있으면 순조롭게 대화를 이어갈 수 있다.

- 아이들이 같은 학교에 다니는가?
- 양쪽 모두 특정 레스토랑을 좋아하는가?
- 같이 좋아하는 특정 스포츠 팀이 있는가?

뭐가 됐든 공통점을 찾으면 대화할 거리가 무궁무진해진다.

15. 대화를 시작할 때 유용한 최신 시사

최신 시사를 알아두는 것은 사회적 상황에서 구명조끼 역할을 한다. 세상에 어떤 일이 벌어지고 있는지를 아는 것은 상대방과 얼마나 친숙한지와 상관없이 자신을 다른 사람과 연결시켜준다. 현재 세계에서 일어나는 사건들에 대한 지식이 지구상의 모든 낯선 사람들과 나눌 수 있는 공통점이라고 생각해보라. 세계의 모든 일들에 대해 낱낱이 파악하고 있을 필요는 없지만 헤드라인이 어떤 내용인지만 알아도 대화를 시작하기에 충분한 소재가 된다. 다른 사람이 화제를 꺼냈을 때 맞장구를 쳐줄 수 있는 것은 말할 필요도 없다. 자연 재해가 있었거나 큰 정치적 사건이 있을 때는 특히 더 그렇다. 한마디 섞을 수 있는 화제가 있거나 최소한 사람들이 이야기하는 바를 알고 있다는 것은 그들과 친해질 수 있는 길이다.

알아둬야 할 최신 시사에는 음악, 스포츠, 인기 있는 TV 쇼, 예술 등이 있다. 그리고 문학, 팟캐스트 등 목록은 끝이 없다.

꼭 명심할 점은 주제가 무엇이든지 간에 잘 모르는 사항이라면 절대 아는 척하지 말라는 것이다. 대화할 때는 알아도 잘 모르는 척하는 것이 낫다. 누군가 당신이 잘 모르는 주제에 대해 말을 한다면 질문을 통해 관심을 보인다. 미리 알지 못했더라도 아무런 문제가 되지 않는다. 모든 일에 대해 전문가가 되거나 어떤 의견을 가지고 있어야 할 필요는 없다. 그저 약간의 흥미와 다른 사람들의 의견을 구하는 질문을 하는 것으로 충분하다.

데이트, 면접…
그때그때 상황 대처법

살아가면서 우리 모두는 고통스럽고, 부담스럽고, 두려운, 여러 가지 상황에 직면한다. 우리 중 일부는 대중 연설, 프레젠테이션, 구직 면접과 같은 상황을 힘들어한다. 다른 사람은 데이트나 말다툼 같은 상황을 더 많이 걱정한다. 이런 상황들을 완전히 피할 수 있는 방법은 없더라도 준비해서 견디기 좀 더 쉽게 만들 수 있는 방법은 있다.

성인이 됐을 때 사회화 과정을 거치면서 가장 공통적인 관심사는 데이트와 새로운 친구를 사귀는 일이다. 유아기와 청소년 시기에는 친구를 사귀는 과정이 훨씬 자연스럽게 이루어진다. 어릴 때는 다른 사람과의 관계 속에서 자신이 누구인지를 찾는 데 집중하는 시기일 뿐만 아니라 사회적 계급과 친밀한 관계 속에서 사람들과 어울리는 실험을 할 기회가 풍부한 시기이기도 하다. 나이를 먹어가면서 이런 기회는 점점 더 줄어든다. 직장과 가정생활이 중요해지면서 친구를 만들고 우정을 유지하기가 점점 더 어려워진다. 실제로 우리가 20대 후반에 이르면서 친구들의 숫자는 급격하게 떨어진다. 성인이 된 후 데이트를 하게 되면 글쎄, 지뢰밭 속에 발을 들여놓는 상황이다.

현재 미국 성인의 대략 절반쯤이 싱글이라는 통계가 있다. 수십 년 전의 통계와 비교하면 엄청난 증가 추세다. 더구나 심지어 이런 큰 변화에도 데이트를 하는 것은 더욱더 어려워 보인다. 여기에는 전 지구적인 이메일과 문자메시지의 사용 증가에서부터 종종 말로 표현할 수 없는 사회적 신뢰의 하락까지 여러 가지 원인이 있다. 비록 데이트는 누구에게나 부담스럽고 겁나는 측면이 있지만 특히 대화에 자신감이 부족한 사람들에게는 불안으로 숨 막히게 하는 일이다.

데이트할 때

친구를 사귀는 일이나 데이트나 큰 차이가 없다고 생각하면 도움이 된다. 누군가와 데이트하기 시작할 때 잠재적 결과를 예측하기는 힘들다. 지금부터 20년 후에도 데이트 상대와 함께 살 수도 있고, 아주 빠르게 하루 만에 이별할 수도 있다.

하지만 관계를 새롭게 시작하면서 예측할 수 없는 미래의 결과에 마음이 사로잡혀 있으면 서로를 알아가는 과정의 즐거움이 줄어든다. 관계의 미래를 상상하는 것을 멈추기 힘들 수도 있지만 "만약~"이라는 생각에 갇혀 있다면 데이트를 즐기고 사소한 다툼을 이겨나가는 데 필요한 자신감과 용기를 낼 수 없다. 새로운 친구를 사귀는 것과 같은 방식으로 데이트를 하면 이러한 불안이 대폭 줄어든다. 그리고 현재와 미래의 행복이 비례해서 늘어난다.

데이트 시작 단계에서 지나치게 빠른 진행을 원하거나 시작하기도 전에 끝을 생각하는 사람들에게는 자신에게 왜 그런 성향이 있는지 고민해보는 것이 현명하다. 가장 흔한 이유는 그 원인에 특정 종류의 공포가 숨어 있기 때문이다. 관계가 지속되지 않을 것을 두려워하거나 결국 파국을 맞을 것이라는 공포가 숨겨져 있다. 이런 불안과 그에 따른 행동에는 다양한 종류의 원인이 있다. 과거에 힘들었거나 성공적이지 못했던 관계의 경험이 있거나 친밀한 관계에 대한 경험 자체가 부족하거나 고통스런 유년 시절을 보냈을 수도 있다. 이런 문제들은 이겨내는 데는 시간이 걸린다. 하지만 새로운 사람을 만났을 때 자신이 느끼는 본능과 그에 따른 행동을 이해하는 것은 궁극적인 행복의 시작점이다.

살아가면서 데이트를 하는 데 어려움을 겪는다면 무엇 때문에 힘든지를 생각한다. 지난 과거의 관계(애정 관계와 우정 관계를 포함해서)를 떠올려보고 그에 영향을 받은 현재의 자기 파괴적인 행동 패턴이 있는지 생각해본다.

- 모든 일에 사정없이 뛰어드는 경향이 있는가?
- 자신에 관한 이야기를 너무 많이 하는가?
- 지나치게 방어적인가?
- 자신이 일방적으로 허락을 구해야 하는 연인이나 친구들만 찾고 있는가?
- 사람들을 밀어내는 경향이 있는가?
- 누군가 자신에게 관심을 보이면 불편한 감정이 드는가?

• 상대방이 자신에게 충분한 관심을 주지 않으면 좌절감이 느껴지는가? 그 이유는?

시간을 들여 이런 식으로 되돌아보면 자신이 경험해오던 관계의 패턴에 빛이 비치기 시작한다. 그리고 왜 항상 그런 식이었는지에 대한 답을 찾을 수 있다. 이런 형태의 지식을 갖는 것은 이제 자신의 행동 패턴에서 배울 수 있고 미래의 관계에서 이런 문제들을 해결할 수 있다는 것을 의미한다.

새로운 친구를 사귀는 일이 가끔 부담스럽고 불편한 데 비해 데이트는 절대적으로 겁이 나는 일이다. 그래서 데이트를 그저 새로운 친구를 사귀는 일로 생각하라고 제안한 것이다. 새로운 친구를 사귄다고 생각하면 우선 긴장감을 덜어준다. 데이트를 나간다고 하면 부담감이 크지만 그저 친구와 만나는 자리라고 여기면 불안을 더는 데 도움이 된다. 게다가 가장 친밀한 관계는 훌륭한 우정에서 비롯된다. 우정은 신뢰, 경쾌함, 상호성, 존중과 관련이 있다. 이 모든 것들이 친밀한 관계를 위한 건강한 토대를 만드는 힘이다.

정확히 어떻게 새로운 친구와 연인을 사귈 수 있을까? 일단 약속 시간에 늦지 말자! 5분, 10분 늦는 것을 대수롭지 않게 여기는 사람이 많다. 약속을 잘 지키는 기본적인 행위가 자신의 신뢰를 높이고 또 그곳에 오기를 원했다는 표시가 된다. 그리고 앞서 배운 15가지 기술을 모두 꺼내놓는다. 상대방의 이름을 기억하고, 상대방에게서 칭찬할 점을 찾아 이야기하고, 주의 깊게 듣고, 진실 되게 반응하고, 가장 중요하게는 공통점을 쌓아나간다. 공통점을 찾는 것은 관계라는 여정을 떠나기 위한 티켓이라고 생각하면 된다. 웃음을 머금고 편안하게 데이트한다. 상대방도 당신만큼이나 불안한 마음 상태라는 것을 기억한다.

100퍼센트 확신이 없다면 신체 접촉은 조심한다. 그리고 항상 예의를 지킨다. 마지막으로 이제 자리를 즐겨라! 자신이 즐거워야 상대방도 즐겁다. 마음속 불안이 데이트의 즐거움을 방해하지 못하게 한다.

심기를 건드리는 사람과 대화할 때

또 다른 부담스런 대화는 두려운 상대에게 말을 건네는 일이다. 장인일 수도 있고 비판을 잘하는 친구나 친척 혹은 데이트 상대, 직장 상사일 수도 있다. 자신에게 지나치게 비판적이거나 거들먹거리는 사람일 수도 있다. 또는 자기 생각에 정말 성공했거나 잘생긴 사람일 수도 있다. 일단 이들에게 두려움을 느끼는 것은 전적으로 자연스러운 일이라고 자신을 다독이는 것이 중요하다. 자신을 열등하다고 비하하거나 자책하는 것은 자기 신뢰감에 해를 입히고 실제 상황을 필요 이상으로 어색하게 만들 수 있다.

흔히 이런 만남은 너무 부풀려진다. 다가오는 만남을 필요 이상으로 걱정하며 자신을 힘들게 한다. 당신이 다가올 성가신 만남 때문에 "머리에서 열이 나려" 한다면 집중할 수 있는 뭔가를 찾아서 시도한다. 걱정만 하기보다는 대화를 즐겁게 할 만한 것은 없는지 고민해본다.

자신과 그 사람 사이에 공통점이 없는지 생각해보고 긴장감을 해소할 방법이나 자기 편으로 만들 방법은 없는지 찾아본다. 머릿속으로 그 사람과 성공적으로 대화하는 자신의 모습을 떠올려보는 것도 좋다. 대화가 어떤 방향으로 진행되길 원하는지, 또 자신이 어떻게 인식되길 바라는지 생각해본다. 스스로에게 이렇게 물어본다. 내가 원하는 방향으로 대화가 흘러가지 못할 진짜 이유가 있는가?

- 그 사람에게 실제로 겁을 먹어야 하는 어떤 이유가 있는가 아니면 다른 이유로 인한 감정인가?
- 상대방도 자신과 마찬가지로 불안과 두려움을 느낄 가능성이 있는가?
- 대화가 잘 흘러가지 못하면 무슨 일이 벌어지는가?
- 이전에도 그런 결과가 있었는가? 당신은 살아남았는가?

그 사람과 대화할 때 꼼지락거리거나 산만하게 주변을 두리번거리지 않도록 주의한다. 턱을 세우고 허리를 꼿꼿이 펴고 앉는다. 팔짱을 끼거나 얼굴과 목을 만지거나 가슴을 어떤 물건으로 막거나 하지 않는다. 공포심이 심하게 들지라도 몸짓언어를 점검해서 불안감을 표현하고 있는지 확인한다.

상대방과 자신 사이에 어떤 차이가 존재하는지와 상관없이 사람들은 대부분 비슷하다는 사실을 기억한다. 모두가 인간이다. 모두 인생을 통해 도전하고 시련을 겪는다. 모두 능숙한 부분이 있는가 하면 서툰 부분도 있다. 누군가 무례하게 굴고 상처를 준다면 한 귀로 듣고 한 귀로 흘려버려라. 어떤 상황에서든 예의를 지키는 것이 중요하다. 상대방에게 자신의 자존감과 행동방식을 바꿀 수 있는 힘을 주지 마라. 당신의 생각과 감정의 주인은 바로 당신이다. 가장 중요한 점은 자신의 가치관에 따라 삶을 살겠다는 결심이다. 대화에서 어떤 일이 벌어지든지 자신의 정체성에 자부심을 갖고 자기 자신에게 충실해야 한다. 최종적으로 대화 상황이 어떻게 진행되든지 당당하게 걸어 나올 수 있어야 한다.

여러 사람 앞에서 말하거나 면접 볼 때

불안감에 있어서 최고 단계라 하면 대중 연설이나 구직 면접에 비교할 만한 상황은 드물다. 두 가지 모두 어느 정도 자기 PR과 관련이 있다. 낮은 자존감이나 대화 불안에 시달리고 있다면 이런 상황이 얼마나 감정을 동요시킬지 상상할 수 있다. 관중이 있다는 것은—그 규모에 상관없이—사람을 얼어붙게 한다. 자신이 내뱉는 모든 단어를 평가받는 느낌은, 상황이 어떤지와 상관없이, 직접적으로 사람을 불편하게 하는 일이다. 이런 상황에서 벗어나려면 시간 준수, 준비성, 균형감 같은 몇 가지 사항들이 도움이 된다.

자, 다시 한 번 시간을 지키는 것의 중요성을 떠올리자! 시간을 준수하면 신경을 쓰고 있다고 보인다. 지각은 무례하고 전문가답지 않은 모습으로 비친다. 구직 면접이 기다리고 있을 때 시간을 지킬 수 없는 사정이 생긴다면 미리 전화해서 사정을 설명한다. 그냥 늦게 나타나서 자기소개를 하기 전에 변명을 늘어놓는 것보다 사전에 설명하고 사과하는 것이 낫다.

준비성을 보여준다. 구직 면접을 위해서는 도착 전에 시간을 들여 지원한 회사에 대해 자료를 찾고 연구한다. 그들이 내세우는 가치와 하는 일을 공부한다. 지원한 회사에 어떻게 적응할 것인지 그리고 어떻게 자신의 기술과 지식이 회사에 도움이 되는지 생각해본다. 자기소개를 반복해서 열거하지 않는다. 살짝 가식적이고 어색한 분위기가 될 수 있다. 그보다는 질문을 귀 기울여 듣고 가능한 한 성심껏 답변한다. 어느 시점에서든 질문의 요지가 이해되지 않는다면 알아들은 척 답변을 얼버무리지 말고 다시 물어서 명확히 이해한 후 답변한다.

면접하는 동안 회사에 대해 알고 있는 점을 언급하면서 성장의 원동력이 무엇이었는지에 대해 몇 가지 질문을 한다. 어느 개인과 대화하는 것과 마찬가지로 회사에 대해 관심을 보이는 것은 칭찬에 해당한다. 이를 통해 원하는 일자리에 필요한 자신의 기술을 보여줄 뿐만 아니라 적극적인 관심과 열정을 드러낼 수 있다.

　대중 연설의 경우에도 준비는 기본이다. 결혼식에서 사회를 본다든지, 직장에서 프레젠테이션을 한다든지 어느 경우에나 연습으로 불안을 잠재울 수 있다. 최대한 일찍 발언할 내용을 미리 준비해서 충분한 연습시간을 확보한다. 준비한 원고를 큰소리로 읽어라. 처음에는 좀 어색하겠지만 머릿속에서만 암송할 때보다 훨씬 도움이 된다. 거울 앞에서 큰 목소리로 연습을 하거나 친한 친구들 앞에서 리허설을 하는 것도 좋은 방법이다. 막히는 부분을 찾아 집중해서 연습할 수 있고 흐름을 잡을 수 있다. 연습을 많이 할수록 편안하게 사람들 앞에서 설 수 있다.

　상황이 어떠하든지 간에 균형감을 잃지 않는다. 구직 면접이나 대중 연설을 어려워하는 것은 머릿속에서 실제 중요성보다 이를 훨씬 더 부풀리기 때문이다. 비록 많은 사람 앞에서 실수하는 것은 절대로 기분 좋을 수 없는 일이지만 이를 웃음으로 털어버릴 수 있는 능력은 자신의 자존감을 위해 정말 중요하다. 누구나 실수한다. 모든 사람은 때때로 바보 같은 말을 한다. 우리가 만약 실수만 곱씹으며 산다면 인생의 즐거움을 어디서 찾겠는가. 연단에 오르기 전이나 면접에 임하기 전에 일어날 수 있는 최악의 결과가 무엇인지 한번 생각해보면 그리 큰일처럼 느껴지지 않는다.

- 미끄러져 넘어지거나 합격하지 못할 수 있다.
- 당황하거나 실망할 수 있다. 그래서 뭐?
- 이전에 당황하거나 실망했던 적이 있는가? 죽지 않고 살아남았는가? 그런 감정들이 아직도 그렇게 중요하게 남아 있는가?

두려워하는 것이 무엇이 됐든 이전에도 일어났고 앞으로도 일어날 것이다. 우리 모두가 인생을 살면서 겪는 경험일 뿐이다. 그런 경험들은 자신을 파괴할 만한 힘을 갖고 있지 않다. 균형감을 유지하면 침착하고 편안하게 임할 수 있다.

누군가와 불화가 있을 때

인생에서 가장 힘든 부분 중 하나가 갈등 상황에 직면하고 대처하는 일이다. 동료와 불화가 있든 없든 개인적으로나 사업적으로 문제는 항상 일어나고 해결해야 하는데, 해결이 안 될 경우 관계마저 나빠져 갈등을 극복하기가 쉽지 않다. 갈등과 대립을 환영하는 사람은 거의 없지만, 많은 경우 그것은 피할 수 없다. 오해는 생겨나고 사람들의 의견은 제각기 다르다. 우리 모두는 개인적 경험과 믿음에 근거해 각자 다른 가치관을 가지고 있다. 하지만 이런 차이가 있다고 해서 관계가 불편하고 어색해져서는 안 된다. 우리를 갈라놓아서도 안 된다.

갈등이 꼭 나쁜 측면만 있는 것은 아니다. 생각해보면 갈등 상황에서 자신의 캐릭터가 구축된다. 우리는 경험을 통해 좋고 나쁜 것을 배운다. 갈등 상황은 호감을 주는 능력이 큰 영향력을 발휘할 수 있는 현장이다. 무엇보다 사람들은 고함치는 이의 상대방이 되거나 더 열등한 사람으로 취급받는 것을 좋아하지 않는다. 그리고 알다시피 인간은 자신의 믿음을 불필요하게 강요하는 만물박사형 사람에게 거부감을 느낀다. 불행히도 우리는 다른 사람을 바꿀 수 없다. 하지만 그런 사람들과 함께 있을 때 우리 자신의 행동방식을 바꿀 수는 있다. 이를 통해 상대방의 행동에 영향을 미칠 수 있다.

많은 상황에서 상대방을 존중하고, 그의 견해를 인정하는 것만으로도 갈등 상황이 종료되기도 한다. "당신의 입장을 존중합니다" 또는 "이해합니다"와 같은 말을 사용하거나 아니면 상대방의 사정을 귀 기울여 듣는다. 만약 관계 속에서 의견 불일치에 대한 해결책을 찾을 수 있다면 부정적인 상황을 긍정적으로 바꿀 수 있는 가능성이 생긴다. 문제에 대한 자신의 결점이나 흠도 인정할 필요가 있다. 자신의 잘못된 행동이나 판단, 오해를 인정하면 상대방도 같은 자세를 취하는 경우가 많다.

실수를 하거나 결점이 있다는 것이 곧 대화에서 약자가 되는 것은 아니다. 그저 모든 인간이 갖고 있는 공통점일 뿐이다. 만약 그 상황에서 자신에게 어떤 잘못도 발견할 수 없다면 지금 대화 상대가 느끼는 감정을 자신이 겪은 것처럼 생각해본다. 적절한 이야기라고 생각되면 이를 말해주는 것도 현재의 갈등 상황을 벗어나는 한 방법이다. 자신이 "상대방의 입장"에서 상황을 고려해봤다는 것을 아는 것만으로도 상대방은 덜 공격적이고 방어적인 모습을 보인다. 주의할 점은 이런 말을 할 때 잘난 체하거나 가르치는 듯한 소리로 들리지 않게 하는 것이다. 공감하는 자세로 겸손하게 행동한다.

때때로 아무리 해결해보려 노력해도 갈등 상황이 계속될 때가 있다. 이럴 땐 어떻게 해야 하나? 무엇보다 대화가 교착 상태에 빠지면 상황을 바꾸기 위해 자신이 할 수 있는 말이나 행동이 더 이상 없다는 것을 깨닫는다. 언제 노력을 중단해야 할지를 아는 것 또한 중요하다. 누군가가 억지를 부리고 무례하다면 때때로 자신이 할 수 있는 최고의 선택은 의견 불일치를 인정하고 자리를 떠나는 것이다. 때로는 갈등 상황을 벗어나 대화의 유머를 되찾기 위해 화제를 바꾸자고 제안할 수도 있다.

누군가 술을 마셨거나 불필요한 시비를 건다면 문제는 상대방에게 있다. 자신이 어떻게 기분이 상했는지를 이야기하고 자리를 떠나는 것은 아무런 문제가 되지 않는다. 분위기에 휩쓸리지 않도록 조심한다. 비명을 지르거나 소리치지 마라. 누구를 비난하거나 꾸짖으려 하지 마라. 갈등 상황에서 침착함을 유지하는 것은 사람들의 기억에 남을 만한 일이다. 갈등 상황에서 침착함을 잃는 것은 사람들의 기억에 더 남을 일이다.

더는 불안에 발목 잡히지 말자

대화를 잘하는 사람이 된다는 것이 자기가 속한 집단에서 가장 멋지고 똑똑한 사람이 되어야 한다는 것을 의미하지 않는다. 세상 모든 일에 정답을 알아야 하거나 지구상에서 가장 큰 성공을 해야 한다거나 가장 큰 업적을 남겨야 한다는 의미도 아니다. 이 책을 통해서 배웠듯이 대화는 사람들이 알고 있는 것보다 더 많은 무언가와 관련되어 있다. 함께 이야기하고 싶은 사람이 된다는 것은 진실 되고 호감이 간다는 의미다. 누구나 이렇게 될 수 있다.

대화와 관련된 불안감은 현대 사회에서 몹시 흔한 일이 되었다. 종종 사회적 상황을 자꾸 피하면서 어려움이 더 커지기도 하지만 약간의 연습과 이를 통한 동기부여가 있으면 급격하게 대화가 만만하고 수월해지기도 한다.

대화를 잘하는 사람은 함께 있는 사람을 편하게 한다. 대화에서 진정한 관심과 미소는 다른 분야에서 전문가가 할 수 있는 어떤 역할보다 훨씬 더 강력한 효과가 있다. 사람들은 인생 전반에 걸쳐 인정받고, 존중받고 싶어 한다. 대화는 이런 근본적인 사회적 욕구에 대한 만족을 얻을 수 있는 가장 중요한 수단이다. 상대방의 말을 귀 기울여 들어주고, 진심으로 칭찬하고, 그들에게 의미 있는 질문을 함으로써 사람들이 주변에 머물고 싶어 하는, 대화하기 괜찮은 사람이 될 수 있다.

균형감을 유지하면서 긍정적이고 밝은 자세로 사람들과 즐거운 시간을 갖는 것이 가장 중요하다. 그런 시간이 늘어날수록 대화 때문에 불안한 감정이 생기고 스트레스 받는 일은 사라진다. 그보다는 쉽고 즐거우며 생산적인 대화 자리가 될 것이다!

당신의 삶 속에 즐거운 대화가 가득하길 기원한다.